广西教育科学规划2021年重点资助课题"统编教材小学语文古诗题材研究"（编号：2021A045）

知库

文学与艺术

——

古诗百首新释

王波平　主编

新 华 出 版 社

图书在版编目（CIP）数据

古诗百首新释 ／ 王波平主编 . —北京：新华出版社，
2022. 7

ISBN 978 － 7 － 5166 － 6464 － 3

Ⅰ.①古… Ⅱ.①王… Ⅲ.①古典诗歌—中国—教学
研究—小学 Ⅳ.①G623. 202

中国版本图书馆 CIP 数据核字（2022）第 178859 号

古诗百首新释

主 编：王波平

出 版 人：匡乐成		选题统筹：许 新	
责任编辑：张 谦		封面设计：中联华文	

出版发行：新华出版社

地 址：北京石景山区京原路 8 号		邮 编：100040	
网 址：http：//www. xinhuapub. com			
经 销：新华书店			
购书热线：010-63077122		中国新闻书店购书热线：010-63072012	

照 排：中联学林

印 刷：三河市华东印刷有限公司

成品尺寸：170mm×240mm

印 张：14. 5		字 数：230 千字	
版 次：2023 年 1 月第 1 版		印 次：2023 年 1 月第 1 次印刷	

书 号：ISBN 978 － 7 － 5166 － 6464 － 3

定 价：95.00 元

编委会

主　　编：王波平
副主编：丁立英　陈朝忠　黄庆华
编　　委：梁荣钊　黄　柳　李安琼　兰三妹
　　　　　欧蔓莹　岑慧兰　卢秋瑜　李武珊
　　　　　陈春燕　陈炎兰

前　言

　　古诗，语文教育之难，基础教育之重，国民教育之弱。古诗积累与理解，既是今天师范生所面临的重大学习任务，也是日后小学语文教师应具备的专业能力和素养。为落实我院"小学教育特色专业建设"计划，提升小学教育专业学生古诗教学能力，特编写《古诗百首新释》读本，供学生阅读和参考。

　　加强古诗教学研究，夯实古诗积累，提升解读能力，从而积淀诗文基础和文化素养，本书具有教学参考意义和使用价值。本书以统编教材小学语文所涉及的 100 首古诗为对象，作释题、注释、释意和释例。具体如下：

　　一、释题。针对诗歌题目，作体裁和题材两方面理解，既要有古诗理论作铺垫，也要能指导教学实施。体裁解析要分类明晰，题材解读要内容明白。

　　二、注释。含作者简介和字词注释。诗人介绍精致，字词注释要确音、定形和明意。

　　三、释意。于古诗的主题内容、思想情感、艺术手法、遣词造句、修辞表达和审美意蕴等方面进行阐释，力求简明扼要，具有可读性。

　　四、释例。撷取大家名师关于古诗教学的精彩片段，予以点评或剖析，以期指引古诗教学。

　　全书主编由广西民族师范学院王波平教授担任，副主编有广西龙州县水口镇实验学校丁立英老师、广西龙州县下冻镇下冻中心小学陈朝忠老师和广西民族师范学院黄庆华老师，主要编写者为广西民族师范学院教育科学学院小学教育 18 级 10 位学生，分别是梁荣钊、黄柳、李安琼、兰三妹、欧蔓莹、岑慧兰、卢秋瑜、李武珊、陈春燕和陈炎兰。

由于水平有限，书中疏漏与不妥之处，恳请广大读者批评指正。

编者

2021 年 6 月

目 录
CONTENTS

第一篇　自　然

有情天地内，多感是诗人。

——［唐］顾非熊

（一）山水田园诗

山水田园诗是一类感性的自然存在，是一份诗意的生活表达，也是一种独特的审美形态。此处选山水田园诗共 10 首，其中《望庐山瀑布》《望天门山》等 5 首为山水诗，《山居秋暝》《江南春》等 5 首为田园诗。

山水诗以秀山丽水为绘景对象，徜徉山水，倾注诗情，通过描绘自然山水以抒发情感，达到人与自然和谐。其间，"山水情怀"主题与"诗情画意"境界鲜明，游山赏水多以颜色与线条来感知景致，营造生动的画面感，表达情感的勃发与澄怀，绘制着一幅幅山水名篇。

田园诗以田园生活为歌咏目标，田园风光，四时无尽。或欣赏自然风物的清新流美，或感受田园风光的安宁祥和，或歆美乡村生活的恬淡闲适。

山水田园诗热衷自然，自成一派，于自然的审美，是诗歌内涵的深化，不再是对生活及环境的朴素的感受，而是由自然的兴味引发诗的生成。诗是感性的，是语言的艺术，兴味感发所在为自然之两端：一为田园，一为山水，这两者有待于诗人的独特体验和创造，亦即诗人风流才质所致。田园山水有别，诗性才情无异，"陶谢"诗作，以自然清新面目示人，令人耳目一新。陶渊明，田园守拙，诗作平淡自然，"冲澹深粹，出于自然"（杨时《龟山语录》）；谢灵运，山水徜徉，诗作清新明丽，如"初发芙蓉"（钟嵘《诗品》）。

望庐山瀑布①

[唐] 李白

日照香炉②生紫烟③，遥看瀑布挂前川。
飞流直下三千尺，疑是银河落九天④。

[释题]

该诗为李白游览庐山所作。描述了庐山瀑布开阔壮丽，反映了诗人对祖国大好河山的热爱，体现了李白豪放飘逸风格。

[注释]

李白（701—762），字太白，唐代伟大的浪漫主义诗人，享有"诗仙"美誉。《望庐山瀑布》浪漫气息馥郁，"遥看"中惟妙惟肖地展现瀑布的倾泻之美。

①庐山：地名，又名匡山，位于江西省九江市，以雄、奇、险、秀闻名。

②香炉：香炉峰，因秀峰似香炉而闻名，与五老峰、汉阳峰、三叠泉皆为庐山胜景。

③紫烟：日光照射山气映出的紫色烟雾。

④九天：古人认为天有九重，九天是天的最高层，九重天，即天空最高处。

[释意]

字里寻"仙"

宋代魏庆之《诗人玉屑》："七言诗第五字要响。……所谓响者，致力处也。""致力处"谓诗之重点所在，即"生""挂"和"落"三字，在云霞缥缈间和巨流磅礴中感雄奇瑰丽，觉仙气十足。

诗中第五字尤现庐山瀑布壮美的纵向景观，体现李白诗作的"仙"意。一是"生"字。"生"字为动词，使用尤为巧妙，"生"此处有"升"状，为由下至上、上升飞起之意。用"生"字则将山拟人化，把山写活了，将山间的烟雾冉冉升起、袅袅浮游的景象呈现出来。二是"挂"字。"挂"则由上至下、化动为静，惟妙惟肖地表现出倾泻的瀑布在遥看状态下的景象，饱含了诗人对大自然神奇伟力的赞颂。而"飞"表现了水流的状态，水流从上而下一泻千里，展现了水的流速之快，把高山瀑布奔腾跳跃的态势描绘得恰到好处。三是"落"字。一"落"字将横向的银河竖挂，由上而下，银河从天上飘落下来，给人以浪漫的想象和无穷的魅力，展现了水流的灵动，突显出水流倾泻的磅礴气势。

远望香炉峰，瀑布山间挂；近观飞流水，宛若银河落。有静有动，有声有色，有景有情。红日、青峰、紫烟、白瀑，色彩绚丽，富有画面感。诗人将庐山最典型的风景点，以"入乎其内，出乎其外"的大手笔，描绘得有形有神，奔放空灵，仙气飘然。

[释例]

庐山仙意
——以霍懋征《望庐山瀑布》教学为例

诗紧扣"望"字，以庐山的香炉峰入笔描写庐山瀑布之景。用"挂"字突出瀑布如珠帘垂空，以高度夸张的艺术手法，把瀑布勾画得传神入化；然后细致地描写瀑布的具体景象，将飞流直泻的瀑布描写得雄伟奇丽，气象万千，宛如一幅生动的山水画。

深入探寻诗句中的"仙"意。霍懋征老师以"挂"字教学为例，适时追问："瀑布是如何挂起来的？"循着问题，联系实际生活，从"瀑布"引出"垂挂""倾泻"与高山挂起钩来，使学生具体可感，纷纷思考并指出：这个"挂"字将眼前的瀑布紧贴在山壁上的情形描写得惟妙惟肖，为下面讲析诗歌作了铺垫，收一举数得之效。同时，采用多种美读的方式：如速度快慢的调整、语调高低的变化、韵律感的和谐，从而感受仙气，并将这种仙气融入生命意识深处，体会"生紫烟"的虚无缥缈、"挂前川"的熨帖着力、"三千尺"的极度夸张和"落九天"的丰富想象。

紧扣"诗仙"特质。引领学生奠定"仙"气、探寻"仙"气、丰富"仙"气、展现"仙"气，启发学生内在的认知气韵，有效促进学生认知能力不断发展。由字品情，由词达意，绘山水之缥缈，展太白之仙姿。

参考文献：

吴迪康. 霍懋征老师《望庐山瀑布》教学实录赏析 [J]. 小学青年教师（语文版），2006（12）：12-13.

望天门山

[唐] 李白

天门中断楚江开①，碧水东流至此回②。

两岸青山相对出，孤帆一片日边来。

[释题]

开元十三年（725），二十五岁的李白乘舟赴江东途经天门山，被天门山开阔景象所震撼故作此诗。诗题"望"字，与《望庐山瀑布》《望洞庭》中"望"意相同而境有异，行船间望山动感十足，故诗题亦可作：舟行望天门山。天门山位于今天安徽省和县与芜湖市长江两岸，古属楚地，两山隔江对峙如天设门户。

[注释]

《望天门山》意境开阔，形象生动，画面色彩鲜艳，展现了李白游览吴越的豪迈心情和开阔胸襟。

①楚江：长江中下游部分，湖南、湖北、安徽为古楚国之地，故称之为楚江。

②至此：亦写作"直北"。

[释意]

青山有意　碧水多情

诗人是丹青圣手，运用白描手法来抒发天门山的壮美。一方面白描绘景，描写了碧水、青山、白帆、红日，富有色彩感，画面感也极强。另一方面借景抒情，将豪迈乐观的性格借开阔壮美的动态景象表现出来。内容上，紧扣题中的"望"字，全诗二十八字却无一"望"字，可见其构思巧妙。

前两句白描绘景。着一"开"字，开阔了画面的视角；着一"回"字，绘出了楚江回还之态势。后两句委婉抒情。用一"出"字，将青山拟人化，使山由静态美转为了动态美；落一"来"字，写出了李白望天门山的位置，夹江对峙的天门山像主人般门户大开，迎接乘风破浪远道而来的客人。诗人看到天门山时充满了乐观与热情，仿佛在心里豪迈地说："天门山啊！雄伟险要的天门山，我乘着一叶孤舟远道而来，今天终于见到你了。""开""回""出""来"，四个动词顺承转换，水随山绕，山依水立，诚是青山有意，碧水多情，山水有形，游人有情，人与景协。

[释例]

相望相融相悦
——以王玲湘老师谈"山人和谐"为例

王玲湘老师教《望天门山》，将山水拟人化，突出主题是人山相望、相融和相悦。望的是一"开"、一"回"、一"出"和一"来"的动态之景；融的是山水开阔壮美之境；悦的是人与山水和谐之情。

相望景壮。两山对峙，隔江相望，犹如被激流冲破而立的两扇门，山险峻，水湍急，山水回旋天地间；水天相接处，孤帆一片，渐行渐近，山转水流随舟行，李白傲立船头看风景，然是壮哉！

相融境阔。一"出"一"来"，画面顿显活跃，山形水势有灵，山随我转，水随我走，人和山水相融。

相悦情深。青山做主、李白为客，模拟对话的方式，将诗人对天门山的情感再度升级表现出来，情随景乐，景因情美，情景合一，人和山水相悦。志向高远的李白乘舟而来，水冲山开，山阻水回，楚江欢迎，敞开着胸怀，青山拥抱，伸出了手臂。自然的雄伟气势，心中的满腔豪情，触景生情，挥笔而就，名篇《望天门山》跃然纸上。

参考文献：

周颖.《望天门山》教学赏析［J］.广西教育，2012（17）：37-38.

早发白帝城①

[唐] 李白

朝辞白帝彩云间，千里江陵一日还②。
两岸猿声啼不住，轻舟已过万重山。

[释题]

诗亦作《下江陵》。写景与抒情融洽自然，给人极为轻快喜悦之感，意在表达重获自由的喜悦以及心情的畅快。全诗锋棱挺拔，一泻直下，快船快意，令人神远。

[注释]

《早发白帝城》语言清新自然，画面开阔深远，体现了李白创作风格流丽飘逸。

①白帝城：东汉初公孙述建造，据蜀称帝，色尚白，自号白帝，故名白帝城。位于今重庆市奉节县瞿塘峡口的长江北岸。

②千里江陵一日还：郦道元《水经注·江水》："有时朝发白帝，暮到江陵，其间千二百里，虽乘奔御风，不以疾也。"江陵，今湖北省荆州市。从白帝城到江陵约一千二百里，其中含七百里三峡。

[释意]

神韵之快

《早发白帝城》素有三峡第一"快"诗之称。诗"快"在四端：一为水流之急快，二为舟行之快速，三为心情之快意，四为韵脚之轻快。

心情快意十足。字里行间蕴藏着诗人被赦还的喜悦和畅快，空间转换在"白帝城"与"江陵"之间游走，情致波动于"一""两"与"千""万"相形中。"彩云间"三字，除写白帝城地势之高外，为写船速之快埋下伏笔，也是清晨阳光照射白云而产生的直观画面，侧面表现了诗人的心情畅快。"千里"表距离远，"一日"表时间短，时间与空间的对比展现水流快速，暗含船速之快，营造一种豪迈气概和一份转瞬间的喜悦。"猿声"一般用作营造凄清悲凉的氛围，而这时却有一种轻快感，在急速间还能听猿啼，这缘于作者内心的欢快无比。"轻舟已过万重山"，瞬息疾驰，"轻"字形容船轻，也蕴含作者心情轻快；"山"崎岖"水"险阻而"舟"已行过，也比喻生活的艰险已过，心生喜悦。

音韵轻快无比。全诗采用上平删韵的"间""还""山"作韵脚，读起来悠扬、轻快，令人百诵不厌。诗作节奏明快，后两句既写景又比兴，既是个人心情的表达，又是生活经验的总结，因物兴感，精妙绝伦。

[释例]

赏诗之"快"

——以赵谦翔赏《早发白帝城》为例

赵谦翔老师欣赏此诗为一个字："快"，措语之轻"快"与心境之"快"意。措语"快"，赏鉴有力。一问如果将"彩云"换成"白云"好吗？引发学生思考，并解释原因。一是"朝辞白帝白云间"句中两个"白"不好，且与生活不符，早晨朝霞出来，云为彩色。二是五彩缤纷的"彩云"可衬托出欢快感情。意含两层：一为早晨，表时间；二为反映出白帝城位于高高的彩云之间，这为乘船从高往低急流而下一日到达江陵作铺垫。二问"啼不住"是否写愁？"啼不住"不是表示三峡两岸猿猴不停地鸣叫，而是衬托船速飞快，感觉一路猿声啼不住，实是反映舟行急速的轻快，全无半点愁情。

赵老师赏诗亦"快言快语"，直点主题。围绕"彩云"这一关键词展开，提出问题，由浅入深，由表及里，对诗作进行深入鉴赏玩味，将诗中的神韵快意体现得淋漓尽致。诗作"快"意十足，一为水流速度之快，二为船行速度之快，三为心情之愉快，四为韵脚之轻快，四者由浅入深、层层递进，使学生在不知不觉中融入古诗。同时，结合实际教学，促进学生更好领会古诗细腻、真切的情感；通过提问方式既能训练学生回答问题的胆量，又能检测学生鉴赏水平、语言组织与表达能力等。

参考文献：

唐佳欢.赵谦翔"唐诗鉴赏课"片段赏析——以《早发白帝城》课堂实录为例［J］.读天下（综合），2020（05）：167.

望洞庭

[唐] 刘禹锡

湖光秋月两相和①，潭面无风镜未磨②。

遥望洞庭山水翠，白银盘里一青螺③。

[释题]

该诗为刘禹锡赴和州刺史任，经洞庭湖时所作。诗作生动形象地描绘了洞庭山水之美，月夜遥望，千里洞庭尽收眼底，湖水宁静祥和，与素月清光交相辉映，空灵一片。

[注释]

刘禹锡（772—842），字梦得，唐代著名诗人。长庆四年（824）八月贬逐南荒，转任和州，《望洞庭》则为这次行脚的生动记录。

①和（hé）：本意融合，理解为和谐，指水色与月光交相辉映。

②潭：深水，此处指洞庭湖。

③青螺：运用了比喻修辞手法，指君山。与雍陶《题君山》诗句"疑是水仙梳洗处，一螺青黛镜中心"有异曲同工之妙。

[释意]

诗意洞庭　神仙府地

诗人用诗意的语言将洞庭月夜描绘得宛如神仙府地，令人神往。其一，水天一色。水的澄澈空明与素月的清光交相辉映，"月光如水水如天"。其二，山水灵动。素月照耀下，湖面更淡雅，青山更青翠，山水环绕，犹如仙气盘桓。其三，空灵朦胧。山水环绕，水天一色，呈现一种空灵、缥缈之境，表达一份宁静、和谐之情。

诗意洞庭。洞庭，自古诗意所系。"洞庭波兮木叶下"，诗意盎然，洞庭之诗意在于诗人飞驰想象，善用比喻。三处比喻将湖光山色勾画得鲜明生动，一是将无风的湖面比作未磨的铜镜，突出月光的朦胧美；二是将月光照耀下的湖水比作银盘，突出湖面的皎洁状；三是将君山比作青螺，突出洞庭山的青翠色。"和"字用字工稳，描绘水天一色、玉宇无尘的融和画境，显和谐之美，和谐不仅是湖水与月色的和谐，还是人与自然的和谐。

神仙府地。君山，仿佛神仙所在地。雍陶《题君山》运用比拟手法对君山进行了描写："疑似水仙梳洗处，一螺青黛镜中心"；方干《题君山》"元是昆仑山顶石，海风吹落洞庭湖"，运用奇特的想象，神化君山奇美；刘禹锡则"遥望洞庭山水翠，白银盘里一青螺"，直接将宏大的君山比作小巧的青螺，景象骤然缩小，静美无限扩大。

[释例]

山水相融　人月相和
——以马军老师教学设计来谈

马军老师的教学重点在于突出理解"湖光秋月两相和"的"和"字，"和"意为融和、和谐。通过逐句解析和描述画面，让学生想象湖面与月色相互交融时和谐的美。

一是水月"和"。天上明月，人间洞庭，相互融合，交相辉映，水天一色，这是水月之"和"。二是山水"和"。洞庭湖的水面上，浮动着美丽的君山，山水相依，有情有意，这是山水之"和"。三是人与自然"和"。水波映月，月光如水，山依水上，水月是和谐的，山水是和谐的，人与自然融和一体。四是心灵之"和"。山水相依，水天一色，宁静一片，人与自然和谐观照，实则也是诗人内心安宁淡定之状。

参考文献：

马军. 人月和谐　心心相印——《望洞庭》教学设计 [J]. 小学语文教学，2011（02）：48.

饮湖上初晴后雨
[宋] 苏轼

水光潋滟①晴方好②，山色空蒙雨亦奇③。
欲把西湖比西子④，淡妆浓抹总相宜。

[释题]

题中"饮湖上"，即乘舟饮于西湖上，表明该诗为泛舟西湖时所作；"初晴后雨"，写明游西湖时的天气情况为先晴后雨。诗人将关注点放于湖光山色之间、初晴后雨之际，描绘烟雨朦胧西湖之景。

[注释]

苏轼（1037—1101），字子瞻，号东坡居士，眉州（四川眉山）人。与苏洵、苏辙并称"三苏"。宋神宗熙宁四年至七年任杭州通判。

①潋滟（liàn yàn）：水波荡漾、波光闪动的样子。

②好（hǎo）：意为漂亮，如"好鸟相鸣"，此为西湖最美所在，谓晴雨时山水之美。

③空蒙（kōng méng）：也写作"空濛"，山岚迷蒙、细雨迷蒙的样子。

④西子：即西施，以西子喻西湖，千古定论，美妙无比。

[释意]

诗画西湖

西湖的诗情画意，非遇苏轼的诗思不足以穷其妙；苏轼的诗思，非遇西湖的诗情画意不足以尽其才。《饮湖上初晴后雨》一诗，苏轼之思与西湖之美完美融合，淋漓尽致展现西湖之诗情画意。西湖比西子，西湖美景与西子美人相融合，诗人喜爱之情溢于言表。

前两句绘画境。绘山水之妙。一写晴天细察水面"水光潋滟"，二写雨天远望高山"山色空蒙"。感山水之美。不同的天气、不同的角度，西湖展现出了不同的状态，一远一近，一高一低，或明亮或秀丽，错落变幻，多姿多彩，画意鲜明。西湖妙美：山山水水处处明明秀秀，晴晴雨雨时时好好奇奇。

后两句抒诗情。赞西湖之美。将西湖比作古代美女西施，淡妆浓抹无不相宜。"淡妆浓抹总相宜"，西湖之美，让人着迷，一说："晴天的西湖好比淡妆的西子，雨天的西湖好比浓妆的西子"；一说："晴天的西湖好比浓妆的西子，雨天的西湖好比淡妆的西子"，总之，西湖山水相宜，晴雨有致，浓淡各异。实则，这是诗人兴之所系，情之所至，偶来神笔，妙美无比。西湖之美与西子之美有着只可意会不可言传的相似之处，人们干脆将西湖改称为"西子湖"，西湖之美，美在其神，而非简单可以用晴雨或浓淡来概括，这会损坏比喻的完整性以及诗的空灵美。

[释例]

西湖比西子，美在诗中情
——以王崧舟评冯琛莉老师执教《饮湖上初晴后雨》为例

冯老师就"西湖比西子"这一天才设喻进行讲述，认为其"韵"味十足。其一，神韵上，西湖之美无论晴雨，是全天候的；不分浓淡，是全景式的。其二，气韵上，西湖之魂在于水，西子之魂也在于水，素有"沉鱼"之比。其三，风韵上，西湖与西子韵致最为神似，皆为清纯婀娜。其四，情韵上，一为江南秀水，一为江南秀色，皆美于江南。其五，音韵上，西湖、西子，首字同声、遥相呼应，一唱一和、不落痕迹。以人喻物，焕然一新，西湖之音容笑貌呼之欲出，天生丽质、惹人怜爱。

教学中，将学生的注意力两度聚焦于"西湖比西子"。第一次，拈出诗眼，让学生初步了解"西子"形象，但对西子的感受仅停留在"美"字，美丽、美好。第二次，再拈出诗眼时，经过前两句诗的细读，提升对美的解读：淡妆与浓妆两种美各具风姿，各领风骚。两次解读诗眼后，顺着美人装扮这一思路将西湖晴雨之美扩展至晨暮之美、四时之美，扩宽了美的视野，进一步深化了学生"总相宜"的感悟。

参考文献：

王崧舟. 以其昭昭，使人昭昭——评冯琛莉老师执教的《饮湖上初晴后雨》[J]. 教学月刊（小学版），2010（09）：18-22.

山居秋暝①

［唐］ 王维

空山新雨后，天气晚来秋。明月松间照，清泉石上流。竹喧归浣女②，莲动下渔舟。随意春芳歇③，王孙自可留④。

［释题］

好一幅黄昏雨后秋山图，充分体现了王维"诗中有画"的特点，于诗情画意中寄托着诗人高洁的情怀和对理想境界的追求。

［注释］

王维（约701—761），字摩诘，原籍祁县（今属山西），其父迁居蒲州（今山西永济），遂为河东人。盛唐山水田园诗派的代表作家，与孟浩然并称为"王孟"，诗风空灵，亦被誉为"诗佛"。

①暝：（天色）昏暗，引申为黄昏。如李白《菩萨蛮》："暝色入高楼，有人楼上愁。"

②浣女：洗衣物的女子。

③歇：入声字，尽、完。

④王孙：原指贵族子弟，这里指诗人自己。《楚辞·招隐士》："王孙兮归来，山中兮不可以久留。"

［释意］

诗画秋山暮色

王维《山居秋暝》，诗情画意盎然。诗画特质表现在秋山与暮色的结合，在秋山暮色中表现自己淡然平和之心境，淡雅恬静，没有纷繁复杂的情绪，只有对幽静生活的向往与热爱之情。

诗情，着力遣词而清新。遣词妙致，虚实相生。"泉""石""松"均为秋山中的具体物象，"月"则是暮色中的特定景致，节奏舒缓，画面清新自然。措语妙趣，音韵和谐。"清泉"对"明月"、"石上"对"松间"、"流"对"照"，在平仄、词性、结构上，都合乎规则，内容表现上相互关联而非相同，实为佳对，景致清新。

画意，着意绘景而灵动。诗中描绘了一幅清丽雅洁、宁静美丽如世外桃源般的山间夜景，恬静柔美。颔联侧重写物，以物芳而明志洁；颈联侧重写人，以人和而望政通。就景致而言，清泉、青松、翠竹、青莲均为纯洁正直之物，是诗人高尚情操的写照。就画面感来说，月白松青、竹翠莲红，显隐分明，色调柔和；月藏松林，泉流石隙，浣女隐身，渔舟其下，动静相生，物态万端。

[释例]

品读诗情画意
——以杜延霞老师《山居秋暝》教学设计为例

采用诵读的方式准确把握诗歌内涵和感情基调，通过想象，用自由活泼而富有表现力的语言营造优美的意境，体会诗作所绘极富感染力的形象。

一是读，读诗韵，体会对韵的巧妙。"秋""流""舟""留"，四处韵脚"iu（ou）"属下平十一尤韵，读起来朗朗上口，韵律和谐。"明月照清泉，清泉流石上"，诗意流美。月光静静地洒在林间，月光仿佛有意；泉水潺潺地泻于石上，泉水宛然无情。

二是绘，绘诗意，感受诗的画面感。学生想象画面的过程是一个情感体验的过程，采用绘画的方式对诗的色彩、线条进行描绘，有利于帮助学生理解记忆古诗，为后面言诗情作铺垫。

三是言，言诗情，体悟诗情画意。学生先自主想象画面，再通过对诗歌描写方式分析，有效地加深学生对诗歌的理解。学生对诗歌语言的再创造，就是对诗歌的深入理解。

参考文献：

杜延霞.《山居秋暝》教学设计［J］.现代语文（中旬），2006（11）：32-33.

江南春

〔唐〕杜牧

千里莺啼绿映红①，水村山郭酒旗风②。
南朝四百八十寺，多少楼台烟雨中。

[释题]

《江南春》绘江南春景，鲜活生动。鲜活处，江南春景丰富多彩，广阔、深邃而迷离；生动处，诗人喜爱之情跃然纸上。

[注释]

杜牧（803—853），字牧之，京兆万年（今陕西西安）人，与李商隐齐名，世称"小李杜"。《江南春》绘景清丽生动，色彩鲜明，情味隽永，以简笔勾勒江南春色，可谓"尺幅千里"。

①啼：叫，鸣。如"自在娇莺恰恰啼""杨花落尽子规啼"。

②郭：外城。如"青山横北郭，白水绕东城""青山郭外斜，绿树村边合"。

[释意]

邂逅江南春色

沈祖棻云："这寥寥二十八字，在我们面前展现了一幅江南春景的长卷，情调愉快，笔触生动，色彩鲜明，使我们如置身于无边春色之中。"

前两句绘江南之景。运用典型化手法，抓住了江南景物特征，山重水复，柳暗花明，色调错综，层次丰富且立体。概括强。"千里"即到处，表达了江南范围的广阔，"莺啼"即鸟鸣，展现百鸟鸣叫的景象。提炼精。"绿映红"，绿叶衬红花，"绿"与"红"运用借代修辞，以草木与花朵的颜色代称草木与花朵，凸显春色万紫千红。含义广。"水村山郭"采用了互文修辞，指依山傍水的农村与城市，泛指春色无边。蕴藉深。"风"词性活用，名词用作动词，风中飘扬，风势可观（风气）。

后两句言南朝之寺。南朝四百八十寺，多在山水胜处，烟雨迷蒙中，寺庙的楼台亭阁显得朦胧而迷离，让人直欲生"江雨霏霏江草齐，六朝如梦鸟空啼"之慨。

[释例]

回味江南春意

古诗教学以诵读为本，巧妙调动学生的口、眼、心，达到口到、眼到、心到，理解诗人心境、体悟古诗情感、感受古诗之美。

一是眼观"诗画"，想象阅读。"诗中有画"是古诗的重要特点之一，在读的过程中想象所描绘景物的特征及色彩，将零碎的图片整合成一幅完整画卷，形成画面感，这是对古诗的初步理解。抓住诗的颜色与线条，如"黄莺""红花""绿叶"，色彩斑斓；"水村""山郭""寺院""楼台"，形象鲜明；烟雨江南，春意盎然。

二是心涌"诗情"，咀嚼美读。诗歌所描绘的景象，不是静止不动的而是感官的充分结合，有了画面还不够还要让画面动起来，使学生感受到身临其境的快感。"精骛八极，心游万仞"，这也是诗的美学特征之一。通过多媒体动画，激发学生的想象，"披情入文"，让学生感受诗情。

三是品味"诗境"，体验悟读。《江南春》反映了中国诗歌与绘画的共同美感，其中的审美是超越时空的，有着悠然淡远的哲思与生命体验。道家的清静、儒家的释然、佛家的顿悟，都可在诗间体验，或归隐田园、或思旧怀远、或空灵悠然，值得玩味。古诗的教学不只在让学生识字、会读，更应让学生体会其中所蕴涵的深情厚谊，感受诗情画意，品味诗歌意境。

参考文献：

秦斌．熟读成诵：诗歌教学的最佳路径——以《江南春》教学为例［J］．教学月刊（小学版），2016（04）：53-54.

书湖阴先生壁

[宋] 王安石

茅檐长扫净无苔，花木成畦手自栽①。
一水护田将绿绕②，两山排闼送青来③。

[释题]

这是王安石题写在杨德逢屋壁上的一首诗，与苏轼《题西林壁》、林升《题临安邸》同属题壁诗。杨德逢，别号湖阴先生，作者的邻居兼好友。

[注释]

王安石（1021—1086），字介甫，抚州临川（今江西抚州）人。熙宁九年退居江宁（今南京）半山园，晚年号半山，封舒国公，旋改封荆，世称王荆公。"唐宋八大家"之一。

①畦（qí）：划分好的田地，五十亩即为一畦。
②护田：指环绕。
③闼（tà）：本指宫门或官署门，此即谓门。

[释意]

景怡情逸

整首诗所绘画面清淡、秀丽，所表情感真挚、淡雅。

情景交融，景怡情逸。前两句描院内整洁、秀美之景，赞湖阴先生勤劳洁净的良好品格；后两句绘院外"水将绿绕""山送青来"自然之景，蕴含着主人爱好山水的情趣。

情景合趣，人景合一。叙述生趣。湖阴先生所居虽为"茅檐"，却不仅"扫"还"长扫"，以至于"净无苔"，环境怡人；"花木成畦"非赖他人，而是"手自栽"，勤朴感人。遣词妙趣。"一水""两山"两词以拟人之法，将自然景物亲切化；又着一"护"和"绕"字，将山水灵性化。修辞含趣。"排闼""送青"用典妙致，既写出了山的深翠欲滴又暗含山势若奔的兴奋与热烈，以景写人，表达湖阴先生以及作者自身之清静的情怀、高雅的情趣和超脱的胸襟。

［释例］

"排闼送青"解

对于"两山排闼送青来"的解释，各家稍有不同。

一种解释是：两座大山好像推开大门，把青翠的山色送进来。另一种解释更简洁传神，将"好像"去掉：两座山推开大门，把青翠的山色送进来。这种解释直接把山当作人，诗意更浓。想象是指根据诗中所写合情合理地想象出场景，而不是天马行空的随意想象。"排闼"，由日常生活经验可想象有一双"推开门的手"，而这双手并不是人的手而是"两座山的手"。这种景象多么诱人，有一种神奇色彩；同时，两座山又平常如一位亲朋好友或邻居，满怀热情推开门，送来一片青翠山色，展现了人对自然的赞美以及人与自然的和谐，也是湖阴先生高洁形象的体现。

参考文献：

张夏放．推开门的手——由《书湖阴先生壁》谈诗歌欣赏的想象力［J］．语文建设，2007（09）：46.

四时田园杂兴

[宋] 范成大

昼出耘^①田夜绩^②麻，村庄儿女各当家。
童孙未解供耕^③织^④，也傍桑阴学种瓜。

[释题]

范成大《四时田园杂兴》共六十首，这里第二十五首。诗作正面直接描写农民的田园劳作生活，表达对农民朴实勤劳的赞赏。

[注释]

范成大（1126—1193），字致能，号石湖居士，吴郡（今江苏苏州）人。与杨万里、尤袤、陆游在南宋并称为"中兴四大诗人"。创造性地把田园风光与农村劳动两者合为一体，全面、真切地描写了农村生活的各种细节。

①耘：除草。如《归去来兮辞》："植杖而耘耔。"

②绩：把麻搓成绳或线，《诗经》有句："不绩其麻""八月载绩"。

③耕：犁田、翻地，如《击壤歌》："凿井而饮，耕田而食。"

④织：用丝、麻、棉纱、毛线等编成布或衣物等，如"木兰当户织"。

⑤傍：靠近，如李颀《古从军行》："黄昏饮马傍交河"。

⑥阴：阴影，树阴，这个意义又写作"荫"。如"树阴照水爱晴柔"（杨万里）、"绿阴不减来时路"（曾几）、"绿杨阴里白沙堤"（白居易）和"小舟撑出柳阴来"（徐俯）。

[释意]

田园农事

全诗恰如一位老农在叙述他家里的农事。

以全景式记录了农家日常事务。昼夜劳作。以昼夜对比，描绘了乡村男女各司其职与辛勤劳作。男耕女织。"男耕田、女绩麻"，日夜忙碌，农家无闲暇，"闲着中庭栀子花"。儿童玩耍。农家小儿"过家家"，模仿大人游戏，不懂稼穑，却"也傍桑阴学种瓜"，"学种瓜"表现了孩童从小喜玩耍想劳动，将儿童的天真以及天真中散发的朴实勤勉跃然纸上。

全诗语言通俗浅显，流畅自然，犹如一幅生动的农村风俗长卷。画面朴实自然，充溢着浓郁的乡土气息。男人，在不远处的田野里春耕夏耘，女人，在家里绩麻编织，娃儿们，在房前屋后的瓜藤下鼓捣着学习种瓜。

[释例]

品读田园，再寻童趣

——以祝贵耀老师寻童趣为例

抓住诗脉，通过一系列的因果问题梳理全诗，脉络清晰、逻辑合理，帮助学生理解古诗。每一个问题的回答又能单独构成一幅画面，四问四答构成了一幅乡村劳作图，淳朴而自然。

第一问："儿童靠近桑阴干什么呢？"全诗由这个问题展开。以引导学生用原文回答问题的方式引出"也傍桑阴学种瓜"。进而由结果来询问原因，第二问："儿童为何傍着桑阴学种瓜？"得出"童孙未解供耕织"。不禁让人疑虑，第三问："谁来耕谁在织？"原来"村庄儿女各当家"。继而，第四问："何时耕来何时织？""昼出耘田夜绩麻。"四个问题环环相扣，联系紧密，于山水田园风光间将村庄儿女以及孩童的劳作形态进行了详细的描述，有理有据，简洁明了。

"顺藤摸瓜"是针对儿童的一种基本的学科阅读方法，也比较符合儿童心理逻辑。先引导学生顺着"儿童"这根"藤"，摸到了一个真正的"瓜"：学种瓜。再借助问问读读的古诗阅读方法，让学生既读懂古诗大意，也读出古诗天真中散发出的几分朴实与勤勉的"童孙"形象，丰富"儿童"形象。

参考文献：

祝贵耀. 山野田园寻童去——《四时田园杂兴》群诗主题教学解读和预设 [J]. 教学月刊：小学版（语文），2017（04）：21-23.

乡村四月

[宋] 翁卷

绿遍山原白满川①，子规声里雨如烟。

乡村四月闲人少，才了蚕桑又插田②。

[释题]

这首诗描写江南农村初夏风光和江南农忙景象，生活气息浓郁。诗人通过对乡村四月的景象描写，表达了对乡村生活的热爱之情。

[注释]

翁卷，生卒年不详，字续古，一字灵舒，温州乐清（今浙江温州）人，南宋诗人。诗以清苦为主，与徐照、徐玑、赵师秀并称"永嘉四灵"。

①白满川：一解指稻田里的水色映着天光。川：本义是河流、水道，此指平地的河流，如"川流不息"。二解指稻田水映着天光，看上去（平原）一片白色。川，平原，如"一马平川"。

②才：副词，刚刚，方才。如"小荷才露尖尖角，早有蜻蜓立上头"（杨万里）、"才饮长沙水，又食武昌鱼"（毛泽东）。

[释意]

视听共赏　乡村风光

前两句写自然景，"足以极视听之娱"。从视觉角度上看，"绿""白"两种颜色对比，"绿"的是葱郁的树木，"白"的是水光映天的景象；"绿遍""白满"，目光所及处处皆是，说明了视野的宽阔。从听觉角度上看，烟雨声中融入鸟声，由静到动，尽显活泼生机。

后两句写农事，"开轩面场圃，把酒话桑麻"。直接点明"闲人少"，再接"才""又"两个虚字，不言"忙"而"忙"意自现。全诗叙事淳朴，动静结合，绘声绘色，宛如画境，借山水为农民劳作勾勒背景，彰显对农民的赞叹以及对乡村生活的热爱。

整首诗犹如一幅田园风光图，由远及近，色彩缤纷，清新自然。画图中，绿野无边，河渠纵横，烟雨如画，鸟鸣悦耳，农事繁忙，诗人对乡村生活的热爱之情跃然纸上。

[释例]

品读乡村淳朴美

课程标准提出："有些诗文应要求学生诵读，以利于丰富积累，增强体验，培养语感。"古诗教学要以诵读为主，应指导学生反复诵读，熟读成诵，读出诗的节奏美、语言美、诗境美和诗情美。《乡村四月》可通过以口读诗、以手绘诗和以心品诗来读懂诗情、读明诗意。

一是口诵：诵诗韵。学生抓住诗眼"遍""满""烟"品味诗句时，让学生带着丰富的想象读出辽阔的境界。二是手绘：绘农事。学生读到"才了蚕桑又插田"时，可勾勒农民忙碌的景象，感受农忙之事。三是思品：品闲情。在"诵""绘"的基础下顺势引导学生逐层递进诵读，想象丰收场景，理解耕作心情，感受农民淳朴自然的美好品质，从而达到品情达意的目的。

诵读、想象两两结合才能更好地品情。"诗犹画也"，诗的情感体验还要通过画面来展现，画面的形成需要读的辅助。学生通过读诗句，将不同的物象组合排列在一起，变抽象为具象，选择颜色进行绘画，引导学生说出诗中描绘的画面感受，画面整体的色彩有助于学生把握整体情感，身临其境体会乡村四月的诗情画意。

参考文献：

章丽芳．品读古诗意境美——《乡村四月》教学反思［J］．江西教育学院学报，2010（05）：63.

（二） 咏物感怀诗

咏物感怀诗共 14 首，其中《咏鹅》《风》《咏柳》等 11 首为咏物诗，《敕勒歌》《鹿柴》《舟夜书所见》共 3 首为感怀诗。

咏物诗描形绘神，多托物言志，通过歌咏物象来表达诗人的不同志趣。吟咏之中，诗人仿佛就是那梅、那菊、那竹，人与自然同在，恍惚间物与"我"相融，我就是诗，诗就是我。咏物诗，于世间万物的吟咏，或对物感怀，吟咏性情，或借物抒怀，有所寄托，或托物寓意，意蕴深邃。咏物诗，于景意事情外，别有一种思致，必心领神会始得，妙处不在言句上。咏物诗，除了写景写事外，其中还流露着某种思致，沁透着某种感情，景与物披上了一种"感荡性灵"的东西，使人读着不仅实获我心，而且意味无穷。这就是咏物诗歌的妙处，既有物理特征，体物若即若离，又有事理特征，喻理饶有兴致，还具情理特征，抒情意味深长。

"诗人感物，联类不穷。流连万象之际，沉吟视听之区；写气图貌，既随物以宛转；属采附声，亦与心而徘徊。"（刘勰《文心雕龙》）诗人在生活中体察万物，感悟兴怀，"宠辱不惊，看庭前花开花落；去留无意，望天空云卷云舒。"（《菜根谭》）思绪飞扬，诗兴大发，"天苍苍，野茫茫"，感草原之辽阔苍茫；"返景入深林，复照青苔上"，深林幽处光影交错，觉静谧空灵；"微微风簇浪，散作满河星"，黑夜里渔灯闪烁，生神秘深邃。

咏鹅①
［唐］骆宾王

鹅，鹅，鹅，曲项向天歌②。
白毛浮绿水，红掌拨清波③。

［释题］

诗赞鹅，相传为骆宾王七岁所作。诗生动地描写了白鹅戏水时自由自在的声韵、色彩和神态，不饰雕琢，极富自然本性之美。

［注释］

骆宾王（626？—684？），字观光，婺州义乌（今属浙江）人，与王勃、杨炯、卢照邻合称"初唐四杰"。

①咏：用诗词来赞颂或叙述（某种事物），如贺知章《咏柳》、胡令能《咏绣障》和骆宾王《在狱咏蝉》等。

②项（xiàng）：脖子。

③拨（bō）：本义是拨开，分开，此处引申为拍打、划动。

［释意］

状鹅范本

"天下之至文，未有不出于童心焉者也"（李贽《童心说》），"童心"为真心，即真实情感，不受外界干扰的真诚本心。本诗以儿童的视角、心态来理解和描摹白鹅的自然形象，富有童真情趣。

诗中白鹅优雅姿态灵活，儿童纯真心态活现。一是神情机趣。儿童发现白鹅，欢喜雀跃，娃之心态与鹅之神态相类。白鹅富有人性，将愉悦情感迁移至鹅，说鹅高兴地"歌唱"，富有诗意。二是动作优雅。细致观察，运用拟人手法赏鹅，嬉戏时引吭高歌，游走时自由滑行，池中畅游，好不自由畅快，诚如儿童之活泼天性。三是色调柔和。动用色彩调度，直观呈现，红、白、绿三色对比鲜明，"白毛"与"绿水"比美，"红掌"与"清波"争胜，绚丽多姿。

[释例]

关照童心世界，回归自然本性

整首诗充满活泼愉快、自然清新的情感基调，以童真的视角理解和观察白鹅，体味其中的生动形象与自然意趣，感受大白鹅之美。

一是初见白鹅，先声夺人。可以认为是儿童欢喜高呼三声"鹅"，也可能是在数白鹅的数量，一只、两只、三只……抑或是借助鹅的名字来模拟叫声，语意双关，自然天成。

二是动态浮现，姿态优雅。以拟人手法描绘，白鹅曲项水中"歌"，身体水上"浮"，鹅掌水里"拨"，赋予白鹅如人的情感体验，富有童真。

三是颜色明丽，语意清新。"白"，羽毛洁白，不染纤尘；"绿"，河水清澈，干净透明；"红"，鹅掌鲜红，生命气色；"清"，水花清亮，微波粼粼。

风
［唐］李峤

解落三秋叶①，能开二月花。

过江千尺浪，入竹万竿斜。

［释题］

诗专咏风。诗人通过描绘"叶""花""浪""竹"，这四样自然界物象在风力作用下的易变，间接地表现"风"的形力、魅力与威力，表达对大自然的敬畏之情。

［注释］

李峤（约645—约714），字巨山，赵郡赞皇（今属河北）人。以文辞著称，与苏味道并称"苏李"，其诗多为咏风颂物之作，词新典丽，而内容较为贫乏。

①解（jiě）：知道，懂得。如"儿童未解供耕织""不解藏踪迹"。

［释意］

风"情"四溢

杨乃乔《千家诗新编》评："笔法细致，观察敏锐。"综观此诗，以时间与空间两个维度来阐述风的特点，以"叶""竹""浪""花"四样自然界物象间接表现风的情态。感知细腻，笔触自然，风"味"多情，姿态丰盈。

时间上，跨越生死，体现温情。"解"是送别过去，秋风令万物凋零，让秋叶清爽地离开。"开"是迎接新生，花朵在春风的吹拂中悄然开放。风力柔和，生死之间，给予万物温情关怀。

空间上，水陆畅通，展现强悍。"浪"与"竹"，一水一陆，作用对象有别；"过"与"入"，影响方式有别；"高"与"低"，作用效果有别；"千"

与"万",作用范围有别。风力彪悍,水陆之中,尽显强者的威严。

[释例]

风"味"万千

万物生长,皆有灵性,风处人世,赋予人"味"。以人情、人性、人心解之,则有姿有态,有形有神。是为柔风一样的弱女子,或是狂风一样的女汉子,全凭君释之。

以人情解之,则刚柔并济。春风抚慰生命,秋风柔情送别;夏风夹雨倾盆而下,冬风挟雪笼罩大地。风景有四季的变化,风情有刚柔的转换。确实,"我不知道风是在哪一个方向吹","甜美是梦里的光辉"。

以人性比之,是亦善亦邪。风性善良,春风、微风、细风,人们把它赞;风性邪恶,狂风、飓风、龙卷风,万物皆躲藏。人性有善恶之分,风性有好坏之别。风随人性,"世风日下,人心不古","致君尧舜上,再使风俗淳"。

以人心比之,心生爱与恨。以风为友,人类护之爱之敬之,爱意生,自然和谐;以风为敌,人类害之恶之避之,恨亦生,灾难降临。将人心比风心,则相处之道可循,"良言一句三冬暖,恶语伤人六月寒"。

咏柳

［唐］ 贺知章

碧玉妆成一树高^①，万条垂下绿丝绦^②。
不知细叶谁裁出，二月春风似剪刀。

［释题］

咏柳名篇，妙在咏物贴切，有丰情神韵。诗人描绘了姿态轻盈、充满生机的早春柳树，表达对春柳的喜爱与赞美之意。

［注释］

贺知章（659—约744），字季真，自号"四明狂客"，越州永兴（今浙江杭州萧山）人。写景抒情诗作，清新通俗。

①碧玉：形容杨柳的颜色碧绿而光润。南朝吴声歌曲《碧玉歌》："碧玉破瓜时"，碧玉为年方二八的小家女；南朝萧绎《采莲赋》："碧玉小家女"。"碧玉妆成"，无形中将柳树比作亭亭玉立的年轻女子。

②绦（tāo）：用丝编成的绳带。形容像丝带般的柳条。

［释意］

如柳般温柔

《唐诗笺注》评价此诗说："赋物入妙，语意温柔。"以"温柔"二字道出此诗的物形与情感，"赋物"手法是到达"温柔"语境的渠道，生动的比喻中蕴含着似水的柔情。此处温柔有两种形态。

一是物态的轻柔。诗中用形象贴切的比喻，淋漓尽致写出柳之轻盈妩媚姿态。以"碧玉"喻柳叶的翠绿，以丝绦绘柳枝的线条，连无形的春风也被"似剪刀"形象化地描绘出来，写出了初春柳树的柔嫩轻盈。

二是诗情的温柔。以柳抒细腻柔婉之情，营构清新柔美的意境。诗词中多以杨柳喻美人，本诗反其道而用之，用美人喻柳树。柳似美女，千条万缕的垂丝是她的裙带，"高"字衬托出美人婷婷袅袅的风姿，而"垂"字暗示着纤腰在风中款摆。弱柳拂风，千丝万缕；美女临风，千姿万态。

[释例]

两态三美尽温柔

—— 以王林波《咏柳》教学片段为例

赏析柳诗的"温柔"，可以从自然与人文两处着眼，感受诗歌别样的物态与人情。

可着眼于自然物态。其中，有线条美，柳条曼长披拂，如丝绦为春风所裁剪，细叶娇嫩，姿态迷人。亦有颜色美，"碧"字准确突出早春嫩柳的清亮色泽，鲜嫩之色呼之即来。还有生命美，"万"字表现出柳条的繁茂，突出春天的生机，"裁、剪"二字表现大自然的神奇与灵气。三美一体，绘物贴切，物态柔美。

抑或点化女性情态。柳如美女，"柔韧相济真，风情万种韵"，这是唐代士人特有的纤柔清秀的女性审美观，诗风中充满柔情。一是动作美，"妆"字拟人，美女以碧玉化妆，清新淡雅。二是神态美，"碧玉"一语双关，形象明朗可感，犹如小家女神态，稚嫩、清纯。三是身姿美，"高"字衬托出美人婷婷袅袅的婀娜风姿，"垂"字暗示美人纤腰之柔。形神兼具，温情美女，婷婷袅袅。

参考文献：

王林波，陈德兵.诵读中品诗韵，比较中悟诗情——《咏柳》教学实录及评析［J］.小学教学（语文版），2020（03）：27-30.

春夜喜雨

〔唐〕杜甫

好雨知时节，当春乃发生①。随风潜入夜②，润物细无声。
野径云俱黑，江船火独明。晓看红湿处，花重③锦官城④。

[释题]

这是一首赞颂春雨的名篇。诗以"喜"字统摄全篇，细微真实地描述了
春雨的夜景，表达了诗人对春雨来得及时的喜悦心情。

[注释]

杜甫（712—770），字子美，自号少陵野老，原籍襄阳（今属湖北），迁
居巩县（今属河南）。被尊为"诗圣"，其诗被称为"诗史"。以古体、律诗
见长，语言精练，风格沉郁顿挫。

①发生：犹出现。

②潜：偷偷地，秘密地，可理解为暗暗地，悄悄地，如"潜移默化"。

③重（zhòng）：花因为饱含雨水而显得沉重。

④锦官城：故址在今成都市南，亦称锦城。三国蜀汉时管理织锦之官驻
此，所以叫"锦官城"。

[释意]

"好"雨知春尤可爱

明人周珽《唐诗选脉会通评林》评价："此诗妙在春时雨，首联便得所喜
之故，后摹雨景入细，而一结见春，尤有可爱处。"此雨可爱之处有三：一为
富有人情味；二为奉献精神难能可贵；三为颜色调控随心配。

可爱在于善解人意，"知"晓季节。把雨拟人化，移情于此，说它"知时
节"，在人们最需要的时候出现，农谚云："春雨贵如油"。如此"好"雨极

富人情，怎不可爱？

可爱体现于奉献之中，"润"物无声。春雨随风而来，悄无声息，有意"润"物，无意讨"好"，奉献精神可敬可爱。春风放荡来梳柳，夜雨无声去润花。

可爱表现在色彩搭配，"红"耀万物。夜雨江面，"黑"与"明"互衬，朦胧而温暖；雨后城郭，绿叶红花，润泽而明艳，春意也融融。春雨调配让一切色彩都融和，万物更加清新可爱。万绿丛中一点红，动人春色不须多。

[释例]

字词中探寻"喜"意

—— 以黄耀红谈《春夜喜雨》教学为例

着一"喜"字奠定全诗情感基调，"'喜'意都从罅缝里迸透"（浦起龙《读杜心解》）。

一品"知"与"乃"，时机转换间生跃意。诗人盼望这样的"好雨"，喜爱这样的"好雨"，所以，当雨出现，说它"知时节"，有生命、有感知能力，善解人意。"乃"与"知"，一呼一应，极为传神，喜悦之情跃然纸上。

二点"潜"与"润"，滋润万物中有乐意。"潜"字写出了春雨的轻盈与神秘，它机灵可爱，奇妙而美好；"润"为"滋润万物"，是由心灵感悟而得，这是大自然的馈赠。诗人倾耳听雨，春雨悄悄到来，只为"润物"，不求人知，"喜"得睡不着觉。

三显"俱"与"独"，相形衬托里藏珍惜。"俱"写出云多云密，"独"反衬夜之黑。由于那雨"润物细无声"，听不真切，生怕它停止了，所以出门去看，诗人是多么珍惜和喜爱这"好雨"。

四化"湿"与"重"，姹紫嫣红中显喜悦。"湿"与"重"写出了雨后花湿漉、红艳的特点。虚实结合，将春雨润万物的景象与久旱逢甘露的喜悦全都统一在一个画面里，乐景衬乐情。

参考文献：

黄耀红. 语文课堂：追寻厚重与诗意——以《春夜喜雨》的教学为例[J]. 湖南教育（中旬），2009（02）：46-48.

赋得古原草送别

［唐］ 白居易

离离原上草^①，一岁一枯荣。野火烧不尽，春风吹又生。
远芳侵古道，晴翠接荒城。又送王孙去，萋萋满别情^②。

［释题］

　　这是一首咏物诗，也是试帖诗。"赋得"为诗作形式，属应考习作，按科场考试规矩，凡指定、限定的诗题目前须加"赋得"二字；"古原草"为诗作内容，是抒写对象；"送别"为诗作主题，表达离别情感。此诗先写古原草，后写送别，赞颂小草顽强生命力的同时，离别之情自然融入。

［注释］

　　白居易（772—846），字乐天，晚年号香山居士、醉吟先生。祖籍太原（今属山西），后迁下邽（今陕西渭南）。其诗语言通俗，相传老妪也能听懂。

　　①离离：盛多貌。如《诗经》有："其桐其椅，其实离离""彼黍离离，彼稷之苗"。

　　②萋萋：草木茂盛貌。源于《楚辞·招隐士》："王孙游兮不归，春草生兮萋萋。"又如崔颢《黄鹤楼》："晴川历历汉阳树，芳草萋萋鹦鹉洲。"

［释意］

野草与别情

　　唐汝询《唐诗解》评此诗："上二联写物生之无间，下二联是草色之关情。乐天语尚真率，佳处固自不少，要非入选之诗，独此丰格犹存，故采以备长庆之一体。"诗以古原草为描写对象，既描写草的顽强精神又抒发送别离情，"古原""草""送别"融为一体，意境浑成。

　　野草"离离"，荣枯不尽。诗中先以"离离"描绘"春草"生命力旺盛，生长茂盛；再叙述古原草"一岁一枯荣"的生长规律，先写"枯"后写"荣"，以"荣"为主，赞扬野草顽强生命，两个"一"字复叠，形成咏叹，又状出一种生生不已的情味；最后抓住古原草"烧不尽""吹又生"的精神特征，展现烈火重生的理想典型，给人以精神力量。于古原草的描绘由生活感受提升到精神层面，为人称赞。

野草"萋萋"，送别怅惘。送别的背景为古原，景色为"萋萋"野草，气味是"芳"，颜色是"翠"。芳曰"远"，古原上草清香弥漫可嗅；翠曰"晴"，则绿草沐浴着阳光，秀色如见。"萋萋"描绘芳草芊芊的迷人景象，草愈盛而更衬托离情愈浓，"记得绿罗裙，处处怜芳草"。

[释例]

画出野草的气韵

——以于永正《草》课堂为例

诗中"离离""萋萋"等词是抽象的语言，加之学生对"原上草"的枯荣景象缺乏认识，教师应遵循学生的认知特点，通过绘画、图片展示等方式让学生将文字与古原草的形象相联系，画出野草的形象、色彩与情境，从而加深理解。

一是描绘古原草"枯""荣"形态。四季之中野草形态各异：春草芽叶娇嫩，夏草多汁饱满，秋草叶稀萎蔫，冬草枯竭消失。通过绘画和讲解，图文并茂，再现"一岁一枯荣"情景。

二是填充古原草丰富的色彩变化。一年当中，草绿一次、黄一次。野草的枯黄是暂时的，但绿色的复苏是多么热烈而富有生命力。小草由嫩绿变成了翠绿，再到墨绿，在阳光照耀下绿得耀眼，这是活泼的生命在跳动，绿意盎然。

三是感受草与别情相融的凄迷意境。"离离""萋萋"极言草之茂盛，古原景色美丽迷人，于此地离别，满腹愁情，似是每一片草叶都在招手送别、倾诉不舍，"春草年年绿，王孙归不归?"

参考文献：

姚春杰.小学语文名师古诗文课堂实录［M］.上海：华东师范大学出版社，2018.

马诗

[唐] 李贺

大漠沙如雪，燕山①月似钩②。
何当金络脑，快走踏清秋。

[释题]

诗咏战马，描绘骏马的矫健出众，借马抒发诗人渴望建功立业而又怀才不遇的感慨与愤懑。李贺《马诗》共二十三首，此为第五首。

[注释]

李贺（790—816），字长吉，福昌（今河南宜阳）人。因避家讳，被迫不得应进士科考试。多感时伤逝之作，哀叹盛年易衰，悲慨零落不遇。想象丰富奇特，色彩瑰丽，句锻字炼，惨淡经营，后人称之为"长吉体"。

①燕山：在河北省，一说为燕然山，即今蒙古人民共和国杭爱山。据《后汉书·窦宪传》记载，东汉窦宪率兵追击匈奴单于，去塞三千余里，登燕然山，刻石勒功而还。自此，燕然山在历代仁人志士心中，就成为施展才华、建功立业的代称，如范仲淹："浊酒一杯家万里，燕然未勒归无计。"

②钩：古代的一种兵器，形似月牙。

③金络脑：即"金络头"，金饰的马笼头。象征着马受重用，亦暗指人才渴望得到重用。

[释意]

借战马之行抒志士之怀

正值藩镇拥兵跋扈之际，诗人虽未到过边陲，却以非凡的想象描绘边疆月夜景色，借战马的渴求表达自身建功立业的愿望。此诗意境辽阔，语意激昂，以马自况，寓意深远，正如清代姚文燮《昌谷集注》所评价："边氛未靖，奇才未伸。壮士于此，不禁雄心跃跃。"

绘边疆艰苦环境，虽苦尤乐，信念坚定。燕然山一带环境恶劣，战马对上战场纵横骁腾不以为苦，反似获得无限轻松快意。于此地快走奔驰，为国效力，尽显"英雄"本色。此诗有着"男儿何不带吴钩，收取关山五十州"（李贺）的热切渴求，表达诗人为国尽忠的坚定信念。

叹战马不遇识者，有材无用，寄托遥深。千里马不遇伯乐，何时能佩戴"金络脑"驰骋沙场？何当一句与"无人织锦韂，谁为铸金鞭"（李贺）二句寓意相同，"络脑""锦韂"都为贵重鞍具，象征着马受重用，表达作者企盼受到赏识、渴望建树功勋的强烈愿望。

[释例]

以马喻人写壮怀

——以戴愉愉《马诗》教学为例

《马诗》属托物言志类咏物诗，描绘边关壮阔景色的同时借马抒慨。其中理解具有多重寓意的"燕山"，体会"以马喻人"的写作特点为教学难点，需要教师加以引导，学生从中整体感知诗歌情境。

抓住诗眼，体会"燕山"寓意。诗人在这里写"燕山"，不仅仅是指地点，而是暗含深刻寓意。一方面，通过结合诗人生平以及燕然山的典故来理解"燕山"所代表的含义；另一方面，联系诗句景象来验证"燕山"这一意象，理解其所含"施展才华、建功立业"的指代色彩。

解析词句，感受"以马喻人"特点。以马的不遇喻人之不遇，暗含英雄无用武之地的慨叹。后两句以"何当"一词领起作设问，强烈传出无限期盼，且有叹怅味；"金络脑"象征马受重用意；而"踏清秋"三字，声调铿锵，词语搭配新奇，盖"清秋"草黄马肥，正好驰驱，冠以"快走"二字，形象暗示骏马轻捷矫健之风姿，喻含诗人如同这千里马，一旦得到施展才华的机会，就会奔腾万里。

参考文献：

[1] 戴愉愉.抓住肯綮，以细读促教学——以《马诗》为例 [J]. 福建教育，2020（40）：34-35.

[2] 鲍道宏.《马诗》解析与教学建议 [J]. 语文教学通讯，2020（18）：29-30.

蜂

[唐] 罗隐

不论平地与山间，无限风光尽被占①。
采得百花成蜜后，为谁辛苦为谁甜。

[释题]

咏蜂诗作，叙述蜜蜂一生积累甚多而享受甚少的事情，叹世人为名利所累，寄慨遥深。

[注释]

罗隐（833—910），字昭谏，杭州新城（今浙江富阳）人。本名横，以十举进士不第，乃改名。善小品文，多讽世之作。诗风近于元白，雄丽坦直，通俗俊爽，脍炙人口。

①占，平声，属下平十四盐韵。

[释意]

咏蜂叹名利场

刘永济《唐人绝句精华》评："诗意似有所悟，实乃叹世人之劳心于利禄者。"此诗叙述蜜蜂辛勤劳作的事情，暗含对醉心于功名利禄者的讽刺之意。

诗歌采用"欲夺故予，反跌有力"的艺术手法，前后反差。前两句极力抬高蜜蜂的辛勤劳作，"不论"表明劳动的范围之大，"无限"表明工作强度之高。末二句对前二句反跌一笔，说蜜蜂辛劳不知为谁所有，讽刺意显，世间追名逐利者，逝去后终将一无所有。

罗隐《蜂》诗讽刺之意较含蓄，但寓意遥深，从"动物故事"感喟人生意义，虽平淡而有思致。世间名利场，角逐同梦幻。中外文学作品多有以辛辣尖锐的笔触揭露此类现象，如追逐金钱的吝啬鬼，中国有监河侯、严监生，外国有著名四大吝啬鬼：夏洛克、阿巴贡、葛朗台和泼留希金，都在追求金钱的过程中迷失自我，为金钱所累。

[释例]

议蜂寻修身之法

读罗隐《蜂》诗，感世人为名利追逐，迷失自我。在繁世中寻找修身之道，以类蜂之辈为诫，勿重蹈覆辙。借用唐代青原惟信禅师的人生三重境界，以期闻者有所启发。

第一重境界：自然境界——"见山是山，见水是水"。初识世界，怀揣着纯真的本心，无物干扰，心无杂念，看万事万物皆为本身。蜂忙采蜜，自然生态。

第二重境界：道德境界——"见山不是山，见水不是水"。伴随着思考，我们开始探寻事物更深层的本质，有人在现实的诱惑中迷失自我。此时"名是锢身锁""利是焚身火"，如雾里看花，似真似幻。只有坚守道德的底线，保持本心，才能不为名利所累。蜂采蜜，人逐名利，忙碌相似。

第三重境界：精神境界——"见山只是山，见水只是水"。这是在洞察万物后到达的返璞归真，对人生的追求有了清晰的认识，在做人与处世中寻求一种平衡，并不断创造生命的价值。"动物故事"与辛苦人生，所求不同但意义相类。

梅花

［宋］王安石

墙角数枝梅，凌寒独自开^①。
遥知不是雪，为^②有暗香来^③。

［释题］

咏梅诗作。赞扬梅花坚韧不拔、自强不息的精神，暗示诗人内心有着梅花般不畏艰险、坚韧不拔的美好品质。

［注释］

王安石（1021—1086），字介甫，号半山。抚州临川（今江西抚州）人，"唐宋八大家"之一。据史料记载，熙宁九年，王安石因变法失败被罢相后，放弃政治改革，退居钟山，即写下此诗。其诗风格峭拔，笔力雄健，结构严谨，文辞精练。

①凌：冒着，忍受。

②为（wéi）：因为。如："问渠那得清如许，为有源头活水来。"

③暗香：清幽的香气。这里以梅花香气喻人的才气横溢。"暗香""疏影"也是梅花的代称。

［释意］

坚强高洁的人格魅力

远处，朵朵绽放，似雪又似梅，仅观外表、看颜色常人难以分辨。管士光《浅草集》评此诗："王安石《梅花》诗不仅写了梅之色，更写出了梅之香，这也是从梅有暗香的角度来写梅胜雪的方面，诗人借雪的形象，突出了梅花之香。"以此可见，梅花天然的、独特的香气，雪花是不具有的，可根据这特点辨别雪与梅。

　　诗人除了描述雪、梅两者相似外，还写出梅的生长环境。措语"墙角""独自""雪""暗香"，于梅花的生存环境及性情品格作出了定位，而"墙角"与"独自"更是对梅花的生存环境之恶劣的描写，"雪"与"暗香"则是梅花坚韧不拔品格的写照。通过这四词语对梅花的描述，隐晦地表达诗人改革得不到支持，仍在艰难环境中坚持自己的主见。

　　诗人以物拟人，简单易懂，足见其写作手法之高明。而"遥知"远远就知道，写的是梅花具有与众不同的魅力，"为有"梅花香气扑鼻，暗香迷人，象征着才气横溢。全诗意味深远，借赞颂梅花高贵、冷艳的品格与风度，暗指诗人坚强、高洁的人格魅力。

［释例］

以梅自喻

　　梅兰竹菊，谓四君子，梅占首席。梅花历来受文人雅士青睐，是咏物诗和文人画中最常见的题材。寒风中，梅开百花之先，独天下而春，"竹报平安梅报喜"，"喜上眉（梅）梢"，因此梅又常被民间作为传春报喜的吉祥象征。寒风中，梅花不畏严寒，坚强而高洁的行为，也代表着坚强的品格。

　　心中有梅，梅在心中，人梅合一，方能达到"遥知不是雪，为有暗香来"的境界。教学中，向学生展示梅花的图片（特别是雪中梅），让学生与雪比较，知晓暗香是梅之香而不是雪之香，凸显出梅花与生俱来、独特的内在魅力；"梅须逊雪三分白，雪却输梅一段香"，将诗人与梅花对比，不难发现诗人与梅花的处境，诸多相似。诗人暗写梅花之坚强，进而坚定自己对未来的信念，突出诗人与梅花一样具有坚强不屈的品性，彰显诗人坚强高洁的人格魅力。教学中，要特别注意诗词暗写的意境，以此来推断诗人欲表明的意欲，进而阐释诗歌要义。

墨梅

[元] 王冕

我家洗砚池头树①，朵朵花开淡墨痕②。

不要人夸好颜色，只留清气满乾坤。

[释题]

"墨梅"即墨笔勾勒的梅花。此诗从墨梅的生长环境、颜色、气味、品质来塑造梅的清神秀骨，托物言志，表达诗人淡泊名利、高洁独立的志向。

[注释]

王冕（1287—1359），字元章，号煮石山农，浙江诸暨枫桥人，元代画家、诗人、篆刻家，极善绘画，堪称圣手。一生爱好梅花，又攻画梅，所画梅花花密枝繁，生意盎然，劲健有力。

①洗砚池：传说会稽（今浙江绍兴）蕺山下有晋代大书法家王羲之的洗砚池。

②淡墨：水墨画中的一种墨色，除此之外还有清墨、浓墨、焦墨。本诗专指盛开的梅花，是由淡淡的墨迹点化成的。

[释意]

清气自清

内容上，梅姿吸人。这首诗，一"淡"一"满"尽显个性，魅力无尽。一方面，墨梅的丰姿与诗人傲岸的形象跃然纸上；另一方面，令人觉得翰墨之香与梅花的清香仿佛扑面而来，从而使"诗格""画格"与人格巧妙地融合在一起。

情感上，清气袭人。诗歌赞美梅低调的生活情操，不愿被人夸，只愿给人间留下满满的"清气"。诗人实际上是借梅自喻，以表达自己的人生态度以及不向世俗献谄的高尚情操，通过"留清气"，把清高正直之气寄寓其中，表现的正是作者不向世俗迎合的高洁操守。

[释例]
建构"三重梅"教学支架
——以王崧舟《墨梅》教学为例

王崧舟执教《墨梅》，把握咏物诗的核心基调，艺术地、创造性地运用各种教学支架，不断在诗的意象（物）与诗的内涵（志）之间进行多维度、多层次的转换，最终实现学生对《墨梅》诗意的深刻理解。这一课例有力地展示了支架教学模式在古诗词教学中的独特作用和意义。

一是建构问题支架，促进诗意的深度理解。采取区分家中梅、画中梅、心中梅这样一种独辟蹊径的解读思路，让孩子自己去主动探索三层结构和诗句之间的联系。实现对整首诗从物象（家中梅）到表象（画中梅）再到意象（心中梅）的深度把握。

二是建构拓展支架，连接与诗的意象相关的文化元素。古诗词精致凝练、意蕴深远，往往承载着古人的精神追求与心灵寄托。引导学生聚焦梅花这一经典意象，体悟其背后的文化意蕴、人格象征。

三是建构情境支架，深化学生对诗作内涵的体悟读诗。古诗往往将诗的内涵（作者所传递的精神品质）隐含在一些可感可触的具体意象（物）之中，要在诗人与学子之间搭建支架，有效地跨越文化鸿沟。

四是建构影像支架，实现对诗脉的当代传承。借助现代化手段，向学生展示相关的图片、视频、音乐等现代多媒体资源，为学生提供一个直观的感知，从而帮助学生突破时空屏障，实现古诗文本情境的重现和诗意的体悟，将千古诗脉承续至当代。

参考文献：

吴冕. 支架的建构与诗意的澄明——王崧舟执教《墨梅》教学片段赏析[J]. 小学语文教师，2021（03）：53-56.

石灰吟

［明］于谦

千锤万凿出深山①，烈火焚烧若等闲②。
粉骨碎身浑不怕③，要留清白在人间④。

［释题］

"吟"是一种古代诗歌的文体，称为歌行体，有吟诵、赞美之意，如《游子吟》《梦游天姥吟留别》等。石灰吟即叹赞石灰，描述石灰的锻造过程，以石灰自喻，表达诗人高洁的情操。

［注释］

于谦（1398—1457），字廷益，号节庵，官至少保，浙江钱塘（今浙江杭州）人。《明史》称赞其"忠心义烈，与日月争光"，与岳飞、张煌言并称"西湖三杰"。

①千锤万凿：千万次的锤击开凿，形容开采石灰非常不容易。

②等闲：寻常，平常。如"万水千山只等闲"。

③浑：全，全然。如戎昱《移家别湖上亭》："黄莺久住浑相识，欲别频啼四五声。"

④清白：指石灰洁白的本色，又暗喻高尚的节操。

［释意］

宁死不屈的高尚情操

石灰品质。"烈火焚烧"，即指烧炼石灰石，加"若等闲"三字，又使人感到不仅是在写烧炼石灰石，它似乎还象征着志士仁人无论面临着怎样的严峻考验，都从容不迫，视若等闲。"粉骨碎身浑不怕"，"粉骨碎身"极形象地写出将石灰石烧成石灰粉，而"浑不怕"三字又使我们联想到其中可能寓有不怕牺牲的精神。至于最后一句"要留清白在人间",更是作者在直抒胸臆,立志要做纯洁清白之人。清白,属石灰之本色,乃于谦之秉性。

于谦人格。明英宗时,瓦剌入侵,英宗被俘。于谦议立景帝,亲自率兵固守北京,击退瓦剌,使人民免遭蒙古贵族再次野蛮统治。但英宗复辟后却以"谋逆罪"诬杀了这位民族英雄,实属惋惜。这首《石灰吟》可以说是于谦生平和人格的真实写照。

[释例]

物志相融
——以赵谦翔《石灰吟》教学为例

第一步,通过范读、抽读、齐读、自读的方式,让学生初步感知、了解古诗大意。

第二步,通过教师分析引导进一步品读诗句。推敲"千锤万凿","锤"是"敲打"之意,"击"是"撞击"之意,等等。深入学习石灰经过"千锤万凿""烈火焚烧""粉骨碎身"万般磨炼,依旧"若等闲""浑不怕""留清白",显示石灰坚强不屈、洁身自好的精神。

第三步,走进石灰人生。体会诗人坎坷的一生,石灰如人,人如石灰,这般石灰精神也是崇高人格的印证,最后赞赏石灰,体会诗人无限的情怀。

参考文献:

赵谦翔《石灰吟》教学案例。

竹石

［清］郑燮

咬定青山不放松①，立根原在破岩中。
千磨②万击还坚劲③，任尔东西南北风④。

［释题］

这是一首寓意深刻的题画咏物诗。通过赞美生长在岩石上的竹子顽强而执着的品行，表现了诗人坚定顽强、刚正不阿的品质。

［注释］

郑燮（1693—1766），字克柔，号板桥，江苏兴化人。清乾隆间曾为山东范县、潍县知县，政声颇著。后因为灾民请赈而触忤大吏，被罢官，回扬州卖书画为生。他爱竹入骨，常以水墨勾写之，又以短诗点化之。

①咬定：比喻扎根结实，像咬着青山不松口一样。
②磨：折磨、挫折。
③坚劲（jìng）：坚韧劲拔。
④任：任凭。

［释意］

如竹的人生写照

郑燮一生只画兰、竹、石，自称"四时不谢之兰，百节长青之竹，万古不败之石，千秋不变之人"，其诗书画，世称"三绝"。画竹咏竹，一生痴迷。题竹石，也可以说就是他人生的真实写照。

竹写人生。板桥一生与竹密不可分，以竹为题，叙写人生，写下许多生活感悟。其中，有在朝为官的忧民情切："衙斋卧听萧萧竹，疑是民间疾苦声。些小吾曹州县吏，一枝一叶总关情。"（《墨竹图题诗》）有不为官吏豪

45

绅所容的愤然辞别:"乌纱掷去不为官,囊橐萧萧两袖寒。写取一枝清瘦竹,秋风江上作钓竿。"(《予告归里,画竹别潍县绅士民》)更有不畏强暴的刚强气节与顽强精神:"惟有竹枝浑不怕,挺然相斗一千场"(《题画竹》)、"千磨万击还坚劲,任而东西南北风"(《竹石》)。诗人以竹自喻,展现了自己如竹般百折不挠、顶天立地的人生态度。竹魂即为灵魂,竹格亦是人格。

[释例]

品竹与悟人
——观王崧舟解读《竹石》有感

清代痴竹怪人郑板桥写《竹石》诗,借物喻人,赞颂竹之刚毅,含蓄表达自己如竹般坚劲刚强的君子品格。教学中可以从品竹、悟人两处着手,感受人与物的魅力。

先抓特征,品竹格。解竹格可以从竹石的生长环境("破岩""东西南北风")和竹的生存态度("咬""还坚劲""任尔")来理解竹石的顽强精神。其中"咬定青山不放松"中"咬"字使用拟人手法,突出竹子的生命顽强,展现出了竹根的力量感;"不放松"这一自然外在状态带有"咬"得紧的力度感,传达出竹的意志坚定。

再明意象,悟人格。《竹石》是抒情咏物诗,要还原竹这一意象,需由物及人,联系背景,将隐藏在"竹格"背后的"人格"一一道出。写竹"咬定",实际上就是诗人在表达自身刚毅的品格;写竹"立根",实则是诗人想要表现生命力的顽强;写竹面临"千磨万击",是在暗示自己人生中所遭遇的重重磨难;写竹"任尔东西南北风",则是坚贞不屈、豪迈洒脱品质的生动写照。

参考文献:

《百家讲坛》20190804 爱上语文——文字背后见人心 [EB/OL].(2019-08-04)[2020-06-28].http://tv.cctv.com/2019/08/04/VIDEybpbnqno-vApWrw78fyJh190804.shtml.

敕勒歌

北朝民歌

敕勒川①，阴山下②。

天似穹庐③，笼盖四野。

天苍苍，野茫茫，风吹草低见牛羊。

[释题]

这是南北朝时期黄河以北流传的一首民歌，一般认为是由鲜卑语译成汉语的。这首民歌歌咏了北国草原壮丽富饶的风光，抒写了敕勒人热爱家乡和生活的豪情。

[注释]

《敕勒歌》最早见于宋代郭茂倩《乐府诗集》中《杂歌谣辞》。作者不详，一般认为是敕勒人创作的民歌，它产生的时期为5世纪中后期。

①敕勒（chì lè）川：敕勒族居住的地方。北魏把今河套平原至土默川一带称为敕勒川。

②阴山：在今内蒙古自治区北部。阴山可以说是内地中原文化与北方少数民族文化的分水岭，是农耕文明与游牧文明交汇的重要场所，如"但使龙城飞将在，不教胡马度阴山"（王昌龄）、"汉家旌帜满阴山，不遣胡儿匹马还"（戴叔伦）。

③穹庐（qióng lú）：用毡布搭成的帐篷，即蒙古包。

④见（xiàn）：同"现"，出现。如"采菊东篱下，悠然见南山""路转溪桥忽见"。

[释意]

草原风情图

曹道衡、沈玉成《南北朝文学史》评述："语言浑朴自然，气象苍莽辽阔，如同画家大笔挥洒，顷刻之间，便在笔底出现一幅粗线条的塞外风情画。"诗人以简洁、质朴的语言文字，将一幅充满生机的优美画面淋漓尽致地展现在我们眼前。

这首民歌具有鲜明的游牧民族色彩和浓郁的草原气息。首二句点明敕勒川的方位，言"阴山下"，给人以平阔川原从绵亘蜿蜒的阴山脚下向远处延展开去的强烈感受。紧接二句从天、野关合的具体形象上展现出川原的广阔，以穹庐喻天，添加了无限的民族风情。末三句显草原广阔。蔚蓝的天空一望无际，碧绿的原野茫茫不尽，"天苍苍，野茫茫"，从天、野两方面做画龙点睛之笔。天之广，野之旷，交相映衬，把人带入一个苍茫浩瀚的天地里，末句仅七字就把草原的富足景象洋溢整个画面。

全诗风格明朗豪爽，境界开阔，音调雄壮，语言简明，艺术概括力极强。

[释例]

点燃想象　见草原美
——以孙双金教学谈"苍茫草原"为例

从草原歌曲导入课堂，抓住"敕勒、川、阴山、穹庐、笼盖四野"五个关键词讲解，引导学生想象并感受草原天的广阔与无边无际，感知原野的旷大。诗意理解将天喻为穹庐，把天比作蒙古包，让学生比喻自己城市的天空，形成直观对比，可加深学生对草原天的广阔的理解。

结合图片理解"天苍苍，野茫茫，风吹草低见牛羊"，大片鲜嫩的青草，牛羊吃得又肥又胖，草原的富足景象洋溢画面。

古诗教学联系学生实际生活感受讲解，可以使教学生活化，充分发挥了学生的主观能动性和积极性，获得好的教学效果。

参考文献

孙双金. 点燃想象 深度学习——《敕勒歌》教学实录 [J]. 语文教学通讯，2019（05）：24-29.

鹿柴①

［唐］王维

空山不见人，但闻人语响。
返景入深林②，复照青苔上。

［释题］

这是王维后期的山水诗代表作《辋川集》二十首中的第四首。王维的辋川别墅有十多处景致，他和友人裴迪曾分别题咏。《鹿柴》是他隐居辋川时的作品，反映了诗人对大自然的热爱和对尘世官场的厌倦。

［注释］

王维（701—761），字摩诘，原籍祁县（今属山西），其父迁居蒲州（今山西永济）。盛唐山水田园诗派的代表作家，与孟浩然并称为"王孟"，诗风空灵，亦被誉为"诗佛"。诗作画面鲜明，意境浑融，观察细微，刻画传神，被赞为"诗中有画"（苏轼）。

①鹿柴（zhài）：辋川地名。柴，亦写作"砦"，同"寨"，本是"营垒"，可理解为"栅栏"。

②景：同"影"，影子，读作 yǐng。

［释意］

"有声有色"读鹿柴

鹿柴风光，有声有色。清代李锳《诗法易简录》评论："人语响是有声也，返景照是有色也。写空山不从无声无色处写，而愈见其空。严沧浪所谓'玲珑剔透'者，应推此种。"读《鹿柴》这首诗，或许可以从有声、有色角度解读。

有声却静。从"有声"的角度读"空山不见人，但闻人语响"两句，

"空山"是指山林中没有人的踪迹，后以"但闻"一转，空谷传音，表现出山的"静"。山中看去空无一人，却时而听到人的声音，当声音渐渐消失时，就是空山愈发安静时，山静突出。

有色却寂。整首诗绝大部分是冷色的画面，阳光掺进了一点暖色，结果反而使冷色给人的印象更加明显。夕阳通过云彩反射的光射入树林深处，一部分光线落到幽暗处的青苔上，斑斑驳驳，明暗对比鲜明，愈加触发一份空寂清冷的感觉。

[释例]

有声之寂静，有光之幽暗
——赏析王维《鹿柴》反衬艺术

诗人描绘声音、色彩的反衬艺术在这首诗中表现得淋漓尽致。

有声之寂静。首句"空山不见人"读来空旷虚无，是对空山无人的正面描写，"但闻人语响"一转折，又把人带入新的世界。而人语响之后又是长久的空寂，把空谷之空寂反衬了出来，"蝉噪林愈静，鸟鸣山更幽"。

有光之幽暗。从听觉到视觉，山深林密，幽暗而寂静。"返景""复照"特意写了一缕阳光照映在青苔上，好像给人带来了一丝暖意，仔细读来却发现，当那一小缕阳光轻轻照在青苔上的时候，正好与周围幽寂的环境形成强烈的对比，使深林更加幽寂，"寒蝉鸣处，回首斜阳暮"。

参考文献：

张琳."有无相生"读《鹿寨》[J].中学语文，2019（09）：70-71.

舟夜书所见①

［清］查慎行

月黑见渔灯②，孤光一点萤③。
微微风簇浪④，散作满河星。

［释题］

这首诗描绘了一幅奇异美妙的夜景，此虽诗仅二十字，却体现了诗人对自然景色细微的观察力。全诗纯用白描，以大景衬小景，以暗景衬亮景，以动景衬静景，刻画细腻，生动形象。

［注释］

查慎行（1650—1727），浙江海宁人，诗风清新隽永，以白描见长。
①舟夜书所见：夜晚在船上记下所看见的景象。书，与"题"相类。
②灯：指渔船上的灯火。
③萤：萤火虫，比喻灯光像萤火虫一样微弱。
④簇：聚集，簇拥。

［释意］

感受舟中所见

霍松林《历代好诗诠评》评述："以大景衬小景，以暗景衬亮景，以一点化万点，展现深邃、宁静而富于变化的艺术境界，令人神往。"用反衬手法绘景，更加鲜明地表现环境孤寂的主题。

前两句写茫茫黑夜只有河中一盏渔灯，亮暗鲜明且神秘深沉，是静态描写。把暗色和亮色联系在一起，显得形象鲜明。"孤光一点萤"，其中"孤"字表现了环境的寂寞、单调，一种茫然无奈的情绪袭上诗人的心头。后两句写灯影随微风散开像散落在满河的星星，为动态描写。"散"字为诗眼，写出渔灯倒影在水上，微风一吹，零零散散地散在水面上，给人一种画面感。把诗人所见景象逼真地反映出来，读者有身临其境之感。

全诗中心是渔灯，背景是黑夜，微风是导演，在河上展示了一幕渔灯倒影随浪散开的图景，语言精练，比喻生动形象。

[释例]

借图品诗

诗歌纯用白描的创作手法，描绘了一幅渔火如萤、摇落如星的奇景，体现出诗人敏锐的观察力和丰富的想象力。灯光倒映水中，隐约可见；微风吹过，"簇"动层层涟漪，这点灯光倒影刹那间扩散开来，河面好像撒满了璀璨的明星。此情此景，与杜甫《春夜喜雨》"野径云俱黑，江船火独明"境界略同，只不过多了几分静谧和孤寂。

抓住诗眼"散"字进行教学，渔灯变幻无穷，水静时似一点萤光，水动时似满河星星。结合图片理解"微微风簇浪，散作满河星"，展现在学生面前的是波光荡漾的夜景图，画面以静态的视觉形象，抓住景物瞬间变化最富有表现力和启发性的一面，以静寓动，无声寓有声，达到深广的艺术境界，与诗境达到高度的和谐与统一。

体会创作手法、抓关键字、图文结合的教学方式，使学生仿佛身临其境，更利于学生深入领悟诗情，从而激发学生对大自然的热爱和感受祖国大好河山的魅力。

参考文献：

邢戍玲．图文结合，赏图品诗——古诗《舟夜书所见》教学一得 [J]．四川教育学院学报，2000（10）：21.

（三）记时纪游诗

　　记时纪游诗共 23 首，其中《春晓》《小池》《暮江吟》等 18 首为记时诗，《大林寺桃花》《枫桥夜泊》《泊船瓜洲》等 5 首为纪游诗。

　　记时诗以描绘四季景色为主，通过歌咏四季美景表达诗人思想感情。这些诗歌，四个季节，融合了光阴之美和诗意之美，"春游芳草地，夏赏荷花池，秋饮菊花酒，冬赋白雪诗"。春有"天街小雨润如酥，草色遥看近却无"，夏有"接天莲叶无穷碧，映日荷花别样红"，秋有"停车坐爱枫林晚，霜叶红于二月花"，冬有"孤舟蓑笠翁，独钓寒江雪"。

　　纪游诗是指记录诗人游历所见所感的行动历程诗。诗作描述个人游历见闻感受，通常是叙述羁旅之苦，表达内心的孤独，或是思亲怀乡之情。这类诗离不开对山水景物的描写，写景、叙事与抒情相结合，四时之景不同，心境不一。

春晓[1]

[唐] 孟浩然

春眠不觉晓，处处闻啼鸟[2]。
夜来风雨声，花落知多少[3]。

[释题]

春晓，感知春天。晨起，看到春天景象而展开联想，春色迷人，春光
无限。

[注释]

孟浩然（689—740），以字行，襄阳（今湖北襄阳）人，盛唐山水田园
诗派代表诗人，与王维并称"王孟"。其诗多写田园风光，语言质朴。

①晓：天亮。如毛泽东《清平乐·会昌》："东方欲晓，莫道君行早。"

②啼：叫，鸣。如杜甫《江畔独步寻花》："留连戏蝶时时舞，自在娇莺
恰恰啼。"

③落（luò）：同语反意，有"花开"与"花谢"两解，花开为乐，花谢
为哀，情致不一。

[释意]

言浅意浓，诗风清淡

这首诗写春天早晨的景象，清新自然。《唐诗笺注》云："诗到自然，无
迹可寻。"对于孟诗的清淡，学者房日晰《略论孟浩然诗风的清与淡》指出：
"纵观孟诗，其诗风之淡，大致有三：一为思想感情的淡，没有激切的情绪的
流露；二为诗意表现的淡，没有浓烈的诗意展示；三为语言色彩的淡，没有
绚丽色彩的描绘。"《春晓》之"清淡"，亦可从这三方面进行赏析。

思想感情的淡。全诗只有二十字，没有一字点破对春之情，诗人的思想

感情却经历了由"喜春"到"惜春"的转变，可见其情感表达之清淡。

诗意表现的淡。诗人只"闻啼鸟"而未见"花落多少"，人读来却身临其境，感受到春色一片。孟夫子酣眠未动，诗却让人有所见、有所听、有所闻、有所感，诗意之淡让人折服。

语言色彩的淡。诗中不着一字写色彩，仔细读来却发现色彩丰富：彩鸟绿树，雨如银丝穿墨，花似红绣耀眼。没有绚丽色彩的描绘，却营造出了斑斓的视觉形象，足见其语言色彩之淡。

[释例]

巧引悟读赏春意

——以颜克志《春晓》教学为例

古诗简单短小，朗朗上口。学生要感悟诗人对春天的喜爱、对大自然的赞美，并在朗读时突出"喜爱"二字。根据古诗的特点，颜老师这样引导学生朗读。

初读，读准字音。如晓，上声；啼，入声；落，开口呼。

试读，参与课堂。试读过程形式多样，有指名读、分组读、全班读。在此过程中读出"韵味"：停顿、韵脚与平仄。教师指导朗读，读出诗歌的清远脱俗，引领学生体悟春意盎然。

品读，体会情感。先以多媒体展现画面，让学生体会春色萌动，在春风声声与春雨淅淅中感春意盎然；再引导品味关键词"不觉晓""闻啼鸟""知"，从而领会诗人对春天的喜爱。

参考文献：

颜克志. 小学古诗《春晓》教学例谈［J］. 教育评论，2000（04）：68.

鸟鸣涧①

［唐］ 王维

人闲②桂花落③，夜静春山空④。
月出惊山鸟，时鸣春涧中。

［释题］

这是一首山水田园诗，此诗描绘了山间春夜中幽静而美丽的景色，侧重于表现夜间春山的宁静幽美，抒发了诗人热爱大自然的感情，表现了诗人宠辱不惊、恬适淡然的人生态度，体现了诗人寄情山水的人生理想。

［注释］

王维（701—761），字摩诘，原籍祁（今属山西），其父迁居蒲州（今山西永济）。盛唐山水田园诗派的代表作家，与孟浩然并称为"王孟"，诗风空灵，亦被誉为"诗佛"。诗作画面鲜明，意境浑融，观察细微，刻画传神，被赞为"诗中有画"（苏轼）。

①涧（jiàn）：夹在两山间的水沟，如《滁州西涧》。

②闲：指没有人事活动相扰。闲：本字"间"，异体字"閒"，与"静"同义。

③桂花：指木樨，此指春天开花的一种。亦为"桂华"，指月亮。

④空：这里形容山中寂静，无声，好像空无所有。

［释意］

妙感禅意

俞陛云《诗境浅说》评："昔人谓'鸟鸣山更幽'句，静中之动，弥见其静。此诗亦然。"此诗旨在写静，却以动景处理，这种反衬的手法极显诗人的禅心与禅趣。

全诗紧扣"静"字着笔，用人闲花落、夜静山空、月出乌鸣的自然常态，以动衬静，显出了春涧的幽静。其中的声响并未破坏这种意境，反而加强了它的幽深寂静。静能生思，静有机趣。如王籍《入若耶溪》："蝉噪林愈静，鸟鸣山更幽"，常建《题破山寺后禅院》："万籁此俱寂，但余钟磬音"，都是以偶有的声响衬托山中的寂静，静中有思。诗人用以动衬静手法写出"山空"，体现出其"性空"的禅意，即诗人对性灵意境的向往和追求。

"性空"是佛学中惯用的概念，《华严经》："法性本空寂，无取亦无见，性空即是佛，不可得思量。"此诗体现出的清幽和空寂正是诗人禅心的外化。

［释例］

诵入静境，吟出禅味

——以陈洪峰《鸟鸣涧》教学实录谈"寂静禅意"

绘静不易，衬宁愈难。诗人用花落、月出、鸟鸣等活动着的景物，突出月夜春山的幽静，取得以动衬静的艺术效果，生动地勾勒"鸟鸣山更幽"的诗情画意。将《鸟鸣涧》与《鹿柴》《辛夷坞》对比，感悟诗意空旷寂静的境界，感受其诗境的静，静得月亮出来都把鸟给惊醒。

知禅不易，悟禅更难。此诗看似简单，却包含着只可意会不可言传的禅味。在花开花落、鸟鸣山空的描绘中，诗人以一种难以想象的闲静与细致的心境，觉察自然界中最微小却又最富有诗意和禅意的事物，表现出物我合一的心境。禅是动中的极静，也是静中的极动，此诗给人以物我合一、动静相生的禅味。置身于远离尘嚣的寂静境界，感到身上没有俗事的拘牵，心中没有尘念的萦绕，因而体验到了寂静之乐，方觉心灵的空寂宁静和精神的离世绝俗。

参考文献：

陈洪峰．诵入静境，吟出禅味——《鸟鸣涧》教学实录［J］．湖南教育（B版），2019（01）：31-35．

绝句

[唐] 杜甫

两个黄鹂鸣翠柳，一行白鹭上青天。
窗含西岭千秋雪①，门泊②东吴③万里船。

[释题]

此诗描绘了草堂周围明媚秀丽的春光，表达诗人此时轻松愉快的心情。安史之乱平定后，严武还镇成都，诗人心情大好，面对草堂生机勃勃的景象写下这首小诗。

[注释]

杜甫（712—770），字子美，自号少陵野老，祖籍襄阳（今湖北省襄阳市），出生于巩县（今河南省巩义市）。与李白合称"李杜"，后人称其为"诗圣"，其诗被称为"诗史"。杜诗沉郁顿挫，语言精练，格律严谨，感情真挚。

①西岭：指岷山，在成都西。
②泊（bó）：停船靠岸。如《泊船瓜洲》《枫桥夜泊》等。
③东吴：三国时的吴地，借指江南地区。

[释意]

两两相对之趣

杜甫作诗，"语不惊人死不休"，这首诗的惊人之处就在于它的对仗。四句诗两两相对，有动有静，远近相应，高低错落，声色相融，构成了一幅立体生动的春景图。

一是动静相谐，万物生机勃勃。诗的前两句写黄鹂啼鸣、白鹭飞翔，尽显动态之美；后两句"含雪""泊船"尽显静态之美，前后动静相宜。

二是远近相应，意境雄浑开阔。诗人从近景写起，听黄鹂声声、看白鹭成行；后视线由近及远移动，凭窗眺望，看到了西岭积雪、门前泊船，远近相应。

三是高低错落，布局协调有序。诗人对仗整齐，低处"黄鹂鸣翠柳"和高处"白鹭上青天"，低处"泊船"和高处"西岭"两两相对，景物高低错落。

四是声色交融，画面多彩缤纷。小诗色彩搭配极妙：黄、白、翠、青，色彩明丽，和谐统一，翠中含黄，青中带白；黄鹂居柳而鸣，白鹭凌空高飞，生机勃勃。这画面有声有色，可谓声色交融。

[释例]

体会读诗之趣

诗歌对仗工整，内容浅显，读来朗朗上口，在教学中用不同方法诵读，提高学生诵读兴趣。

欢快朗读，体会节奏。小诗赞美春天，欢快流畅。教师可与学生合作读，并辅以手势帮助学生体会节奏。还可以换成诵读古文节奏引读，学生摇头晃脑体会节奏，欢快朗读，体会不一样的味道。

两两对读，对仗激趣。这首诗最大的艺术特色是对仗，可根据这一特点，采取学生两两对读的方式诵读。在此过程中，反复诵读"两个""一行""千秋""万里"等词，体会古诗对仗之趣。

诵读全诗，体会美感。根据诗歌朗朗上口的特点，全体同学站立，与教师一起配以肢体动作，饱含情感诵读全诗。

参考文献：

［1］占桔林.《绝句》教学设计［J］.语文教学通讯，2020（09）：23-24.

［2］徐卫明.《绝句》教学设计［J］.七彩语文（教师论坛），2018（09）：52-54.

绝句

[唐] 杜甫

迟日江山丽^①，春风花草香。
泥融飞燕子^②，沙暖睡鸳鸯。

[释题]

诗写浣花溪一带的春光，表达诗人历经两年流离奔波重回草堂轻松愉快的心情，自然流畅。

[注释]

杜甫（712—770），字子美，祖籍襄阳（今湖北省襄阳市），出生于巩县（今河南省巩义市）。后世称"杜工部""杜少陵"等。杜甫诗沉郁顿挫，语言朴实，被誉为"诗史"。其人忧国忧民，人格高尚，被奉为"诗圣"。

①迟日：指春天，语出《诗经·豳风·七月》："春日迟迟"。

②泥融：春日来临，冻泥融化，又软又湿。

[释意]

和谐温暖春景图

春天在诗人笔下闲适温柔，和谐优美。欣赏这幅春日图景，可以调动感官，拥抱温暖；细微体察，感受和谐。

调动感官，感受暖意。"迟日江山丽"，是诗人视觉所感，"春风花草香"，是诗人触觉和嗅觉所感，这里充分调动了感官。那么"泥融飞燕子，沙暖睡鸳鸯"两句中"融""暖"并不是五官的直接感觉，那是因为诗人对春光的温暖阳光、温柔微风、鸟语花香感受至深。艳阳之下，沙滩之上，怡静十足。和煦的春风、初放的百花、如茵的芳草、浓郁的芳香，明媚一片，安详一片。

一动一静，相映成趣。泥土潮湿，清风拂面；飞燕繁忙，鸳鸯安睡。这里既有紫燕翻飞的动态描写，还有鸳鸯熟睡在暖阳下的静态描写，和谐优美，勃勃生机。

江山秀丽，以诗为画。春意温柔，清风徐徐，花草芳香，冰雪消融，阳光明媚，诗人沉浸在这美丽的画卷中。

平朴如话，体察物情。周紫芝《竹坡诗话》评价："作诗到平淡处，要似非力所能。"诗人能有如此之作，离不开他善于体察物情。诗虽简短，诗人笔法却非常高妙。诗中"江山""花草""燕子""鸳鸯"等景物，都是寻常景物，诗人注意捕抓春天的意象，精细入微，体察入情。

[释例]

充分调动感官感受春光

此诗明丽清新，诗人充分调动感官，描绘了一幅温暖和谐的春景图。在教学此诗时可从调动感官角度切入赏析。

调动感官，感受明媚春光。"迟日江山丽"是诗人视觉所感，"春风花草香"是诗人触觉和嗅觉所感，春天阳光明媚、微风徐徐、花草飘香。可抓住"丽""香"两字进行品析，"丽"是春日特点，"香"是春天独有感受，两字在句尾表达了诗人强烈的感受。

联系背景，享受温暖春意。"泥融飞燕子，沙暖睡鸳鸯"，诗人对春光的温暖阳光、温柔微风、鸟语花香体验极好。诗人在清新自然的闲适中富有生活情趣，诗人经过"一岁四行役""三年饥走荒山道"的奔波流离后，暂时定居草堂，所以字里行间都流露出欢快的心情。

参考文献：

周建成．一幅明丽和谐的春色图——杜甫绝句《迟日江山丽》赏析［J］．语文知识，2002（06）：14．

江畔独步寻花

〔唐〕杜甫

黄师塔前江水东①，春光懒困倚微风②。
桃花一簇开无主③，可爱深红爱浅红？

[释题]

此诗为杜甫《江畔独步寻花七绝句》组诗第五首。此诗描绘了一幅独步寻花图，表现了杜甫对花的惜爱、对美好生活中的留恋，以及对美好事物常在的希望。

[注释]

杜甫（712—770），字子美，自号少陵野老，原籍襄阳（今湖北省襄阳市），后徙巩县（今河南省巩义市），被后人称为"诗圣"，他的诗被称为"诗史"。
①江：指诗人居住成都草堂边的浣花溪。
②懒困：疲倦困怠。
③簇：丛。如"花团锦簇"。

[释意]

万紫千红花满园

明代陆时雍《诗镜总论》评此诗："深情浅趣，深则情，浅则趣矣。杜子美云：'桃花一簇开无主，可爱深红爱浅红？'余以为深浅俱佳，惟是天然者可爱。"诗人通过描写为爱何种花难以抉择的行为，把自己的愉悦之情表现在字里行间。

春暖人易懒倦，所以诗人倚风小憩。但这为的是更好地看花，看那"桃花一簇开无主，可爱深红爱浅红"。这里叠用"爱"字，爱深红，爱浅红，爱这爱那，应接不暇；但又紧跟着"开无主"三字而来，"开无主"就是自由自在地开，承接下句更显绚烂绮丽，诗也如锦似绣。

叠字"爱"表现诗人对花美的欣悦，又以反问语气作结，不仅饶有兴味，而且由己及人，扩大了审美范围，强化了美感，表达出诗人爱花、赏花时的喜悦之情及对宁静生活的热爱之情。

[释例]

寻　花

——读陈邦炎《江畔独步寻花》赏析有感

诗人以"寻花"为主线，给读者勾勒出一幅美妙的风景画。画面有动有静，给人以美的感受。开篇直接点明诗人"寻花"的地点，有古塔、有滔滔不绝的灌水，美景初步呈现。接着刻画"江畔独步"时的季节和天气，表面看似表达春光使人懒困，实际上却是表达暖洋洋的春光使人感到舒服，一"倚"字，由衷地表达了诗人对于春风的无限喜爱之情。

前二句写寻花地点，后二句写赏花过程。"桃花一簇开无主"，诗人"寻花"而终于见上花，简短七字，交代了所寻花的品种、数量及状态。"可爱深红爱浅红？"是一句问答话，把桃花的美及诗人的喜爱之情表现得淋漓尽致，"乱花渐欲迷人眼"，花色炫目。

教学围绕"寻花"一条主线，创设多个教学情境，设置一系列问题，帮助学生更好地理解古诗。

参考文献：

陈邦炎．清狂野逸，沉醉东风——杜甫《江畔独步寻花七绝句》之五、之六赏析［J］．名作欣赏，1991（03）：22-23.

滁州①西涧②

[唐] 韦应物

独怜幽草涧边生③，上有黄鹂深树鸣④。
春潮带雨晚来急，野渡无人舟自横。

[释题]

诗人描写春游滁州西涧所见，风景精美如画。韦应物于德宗建中二年（781）任滁州刺史，此诗作于任内。

[注释]

韦应物（约737—约791），京兆万年（今陕西西安）人。曾任滁州、江州、苏州等地刺史，故世称"韦江州"或"韦苏州"。其诗以写田园风物著名，语言简淡，山水田园诗与柳宗元并称"韦柳"。

①滁（chú）州：今安徽省滁州市。

②西涧：在滁州城西，俗名上马河。

③幽草：浓绿的草。幽，一作"芳"。

④深树：有两种解读。金性尧《唐诗三百首新注》解释为"树木深处"，陶今雁《唐诗三百首详注》解释为"枝叶繁密的树"。

[释意]

"独"怜幽草

韦应物的诗与"独"字有不解之缘。"独鸟下东南，广陵何处在"，以"独"表孤寂；"雨中禁火空斋冷，江上流莺独坐听"，表现孤独思乡；"世事茫茫难自料，春愁黯黯独成眠"，感叹国家命运和个人前途茫然；"独怜幽草涧边生"，忧伤之情自然流露。

诗人以"独怜"统领全诗，胸襟恬淡。前两句述独处之状。春天繁茂景物中，诗人唯独喜欢的是在涧边茁壮成长的小草，而把树上的黄鹂置之陪衬，告诉读者自己的偏好。以一"生"字说明幽草的生存状态，用"独怜"二字强调自己的主观感受，好似安贫守节独处无依。后两句抒孤独之感。晚潮加春雨，水势更急，而郊野渡口更是无人，甚至连船夫都不在了，空空的渡船自在浮泊，悠然淡漠，孤寂之感油然，其间不乏一份无奈与忧伤。

"独"字内涵丰富，似有所寄。结合诗人的人生经历，他关心民生疾苦，常常处于进仕退隐的矛盾之中，"身多疾病思田里，邑有流亡愧俸钱"，也许是有着不甘同流世俗的心性，所以才有了对涧边幽草的那份独特怜爱吧。

[释例]

一切景语皆情语

——以高翔谈《滁州西涧》情感为例

王国维《人间词话》："昔人论诗，有景语情语之别，不知一切景语皆情语也。"诗词中的景物都寄托有情思，而情思需要通过景致表现出来。思欲归隐，故独怜幽草；无所作为，恰似水急舟横。春游西涧，见幽草、黄鹂、春潮和野渡，不免引人思索，有所情思。

直叙清幽。草是"幽草"，而且生在"涧边"，是幽寂无闻的。所以，如果"草"有寓意，表达的一定是寂寞与自怜的意味。

反衬对比。黄鹂是高贵的"黄鹂"，它身上鲜明的"黄色"与周围的"寒色"形成强烈对比，与诗中幽寂冷清的格调不协调。如果全诗存在一定寓意，则"黄鹂"绝不是一个欢快的意象。

相互映衬。"春潮"因"雨"而生，潮与雨并存，潮在雨中，雨涨潮势，雨与潮在互相映衬下更显得"急"。

婉转抒愤。"野渡"无人，"舟"被闲置，很像诗人在滁州时的处境。这样一看，看似描写春游所见的"景"象，却处处符合生活"情"理。

参考文献：

高翔.《滁州西涧》情感之辨［J］.华中师范大学研究生学报，2019（04）：5.

早春呈水部张十八员外①

［唐］ 韩愈

天街小雨润②如酥③，草色遥看近却无。

最是一年春好处，绝胜烟柳满皇都。

［释题］

诗赞早春，深情寄友人。此诗作于唐穆宗长庆三年（823）早春，韩愈约张籍游春，张籍未赴，韩愈作诗想触发张籍游兴，也是对张籍清新诗风的一种赞许。

［注释］

韩愈（768—824），字退之，河南河阳（今河南省孟州市）人，自称郡望昌黎，世称"韩昌黎"，官终吏部侍郎，世称"韩吏部"，卒谥"文"，故称"韩文公"。诗力求新奇，有时流于险怪，于宋诗影响甚大。

①水部张十八员外：指诗人张籍，贞元进士，韩愈弟子，在同族兄弟中排行第十八，曾任水部员外郎。

②润：滋润。如"润物细无声"。

③酥：酥油。这里形容春雨的细腻。

［释意］

淡而有味

这首诗短短四句，清新脱俗，淡而有味。韩愈自己说："艰穷怪变得，往往造平淡"（《送无本师归范阳》）。他的"平淡"是来之不易的：草色虽淡，诗人却观察得极为细腻；设色虽淡，描绘早春之色却别出心裁；文字虽简淡，造句却清新优美。

草色之淡。清人黄叔灿评价："'草色遥看近却无'，写照甚工。正如画家设色，在有意无意之间。"以远看似有、近看却无，仿佛有一片极淡极淡的青青之色，描画出了初春小草沾雨后的朦胧景象。诗人刻画细腻、观察入微，像个水墨画家，把早春草色遥看有近却无的独特景色呈现在读者眼前。

设色之淡。"最是一年春好处，绝胜烟柳满皇都"，早春小雨朦胧，草色青青，色彩淡雅，是一年春光中最美的时候，远远超过了烟柳满城的衰落的晚春景色。这首诗取早春咏叹，用诗的语言描绘了一种素淡的、似有却无的色彩，以淡胜浓，蕴含着万象更新的勃勃生机。

诗风之淡。诗人用简朴的文字，就初春常见的小雨和草色，描绘了早春的独特景物，诗风清新自然。赏春色，显雅致，赞新鲜。咏早春，能摄早春之魂，引发无尽美感趣味。

[释例]

独爱早春
——读潘鑫《早春呈水部张十八员外》赏析有感

这是韩愈56岁时写的诗，这时的他经历了太多的人生沉浮，少年的他生活艰辛，青年的他科举落魄，中老年的他仕途坎坷，这些都影响他对人生的思考。在教学古诗时，可从以下方面入手：

抓事物特征。首句一个"润"字和一个"酥"字，生动地抓住了春雨柔软细腻的特点，写出了春雨的细腻和润物的及时。第二句写早春的草色青青淡淡，若隐若现，兼摄远近，空处传神，清冷却饱含希望，就像诗人的少年时光。

析对比手法。"绝胜烟柳满皇都"一句，诗人在最后来了个对比。这早春的草色在诗人眼中比那满城的烟柳更惹人爱，而这种"遥看近却无"的草色是早春时节特有的。这是一种加倍对比的写法，突出了早春草色的特征，表达诗人对早春的喜爱之情。

品赞春之情。在很多诗中多选取明媚的晚春吟咏，韩愈则选取早春咏叹。早春往往带给人惊喜和希望，像"遥看近却无"的草色也是早春时节特有的，诗人用极淡的语言把它描绘成艺术美，足见诗人对早春的钟爱。

参考文献：

潘鑫. 清新自然 写景写情——《早春呈水部张十八员外》赏析 [J]. 中学课程辅导（初二版），2004（10）：3.

钱塘湖春行

[唐] 白居易

孤山寺北贾亭西^①，水面初平云脚低。
几处早莺争暖树，谁家新燕啄春泥。
乱花渐欲迷人眼，浅草才能没马蹄。
最爱湖东行不足，绿杨阴里白沙堤^②。

[释题]

此诗为描写西湖春光美景的纪游诗。钱塘湖是西湖的别名，春行即春游。诗歌记叙了作者漫步西湖所见的初春景象，表达对自然美景的热爱之情。此诗作于长庆三年（823），白居易年五十二任杭州刺史。

[注释]

白居易（772—846），字乐天，原籍太原，后迁居下邽（今陕西渭南）。贞元进士，初仕秘书省校书郎，任翰林学士，后贬江州司马，任杭州、苏州刺史。晚年闲居洛阳，与香山寺僧人来往，号香山居士，又号醉吟先生，以刑部侍郎致仕。新乐府运动的倡导者，与元稹唱和，世称"元白"。诗风浅显平易，有"童子解吟长恨曲，胡儿能唱琵琶篇"之谓。

①贾亭：贾公亭。《唐语林》卷六："贞元中，贾全为杭州（刺史），于西湖造亭，为贾公亭；未五六十年废。"白居易作此诗时，贾亭尚在。

②白沙堤（dī）：即白堤，又称沙堤或断桥堤。（白居易在杭州时，曾修堤蓄水，灌溉民田，其堤在钱塘门之北。后人误以白沙堤混为白氏所筑之堤。）西湖三面环山，白堤中贯，在湖东一带，总揽全湖之胜。

[释意]

章法变化，条理井然

诗歌结构巧妙，正如清代薛雪《一瓢诗话》所云："乐天诗章法变化，条理井然"。诗歌前两联写湖上春光，范围宽广，散发处以"孤山"生发；后两联写"湖东"景色，聚焦点在"白沙堤"。前面先点明环境，再写景；后面先写景，然后再点明环境。诗以"孤山寺"始，以"白沙堤"终，由点到面，又由面回到点，中间转换，不见痕迹。

清代方东树《续昭昧詹言》评价："象中有兴，有人在，不比死句。"这首诗的妙处不在于穷形尽相的刻画，而在于寄景寓情，不仅有景致，还有兴致。诗中运用了"几处""早莺""新燕""浅草"等词语，把西湖早春景物贯串在一起，不仅写出了西湖早春景物之美，而且传达出内在的生机与意态，写出自然美景带给人们的美好、愉悦的感受。

[释例]

析词品意赏西湖

——以廖燕平老师教学为例

诗人春游西湖，寓情于景。教学多维进行，析词品意赏西湖。根据诗人游览顺序，抓住具体字词，领略春景之美；分析诗人春游路线，品味章法变化之奇；品析诗中对比手法，体会诗人春游兴致与春行感受。

句中藏字，诗中藏画。廖老师引导学生抓住"早""新""乱""浅"这几个字，体会诗歌炼字之精巧与对仗之工整，欣赏绘景之妙。

由点到面，由面到点。《钱塘湖春行》以"贾亭西"为起点，以"白沙堤"为终点。从点"孤山寺北贾亭西"到面"水面初平云脚低"，又由面回到"早莺""新燕""乱花""浅草""白沙堤"等点的描写。诗人由点到面，再由面到点的章法变化非常新奇雅致，既交代了"春行"的起始位置，又巧妙地引出了游玩所见美景。

对比景色，抒发感情。诗歌最后两句写湖东景色，对湖东不作正面描写，而是运用对比手法，通过"最爱"和"行不足"，表达它的美丽程度并不亚于西湖。诗人寄景寓情，写出了早春美景给予作者的欣喜感受。

大林寺桃花①

[唐] 白居易

人间②四月芳菲③尽，山寺桃花始盛开。
长恨春归无觅处④，不知转入此中来⑤。

[释题]

这是一首纪游诗。元和十二年（817）四月九日，白居易和十几位朋友一起游览大林寺，因寺庙所处地势较高，所以要比山下冷一些，山下春天已过，此处却是桃花盛开，春光艳丽。描绘了诗人登山偶遇晚春桃花林的场景，描绘出桃花芳菲烂漫、妩媚鲜丽的特点，表现出诗人的惊喜之情。

[注释]

白居易（772—846），字乐天，原籍太原，后迁居下邽（今陕西渭南）。贞元进士，初仕秘书省校书郎，任翰林学士，后贬江州司马，任杭州、苏州刺史。晚年闲居洛阳，与香山寺僧人来往，号香山居士，又号醉吟先生，以刑部侍郎致仕。新乐府运动的倡导者，与元稹唱和，世称"元白"。诗风浅显平易，有"童子解吟长恨曲，胡儿能唱琵琶篇"之谓。

①大林寺：在庐山大林峰，相传为晋代僧人昙诜所建，为中国佛教圣地之一。

②人间：指庐山下的平地村落。

③芳菲（fēi）：盛开的花，繁花似锦的样子。这里泛指各种鲜花。

④恨（hèn）：遗憾，不满意。如"感时花溅泪，恨别鸟惊心"。

⑤不知：岂料，想不到。

[释意]

诗情随游性而转

"人间四月芳菲尽，山寺桃花始盛开"，游性由失望至惊喜。诗人登山时已是初夏，正是芳菲落尽之时，没曾想遇上了难得的春景：一片始盛的桃花海。诗人登临山寺，本想顺路欣赏春光，却因春晚春光匆匆不驻而有所失望，但所未料的一片春景冲入眼帘时，该是使人感到多么惊异和欣喜。诗中第一句的"芳菲尽"，与第二句的"始盛开"，在对比中遥相呼应，字面上是纪事写景，也是在写感情和思绪上的跳跃，由一种愁绪满怀的叹逝之情，突变到惊异与欣喜，以至心花怒放。

"长恨春归无觅处，不知转入此中来"，诗情因遗憾而美丽。诗人以桃花来代替春光，让春光具体可感，形象美丽。诗人在游览间，由桃花的艳丽而遐想，着意"人间"一词，意味着这一奇遇和胜景，仿佛从人间的现实世界置身于"浪漫"的非人间，诗情高涨，曾因惜春、恋春以致怨春，孰料春像小孩子与人捉迷藏似的，竟偷偷躲到这寺庙中来了。

[释例]

重分析，明诗意

——以郭湘辉老师教学设计为例

读古诗，了解大意。通过多维读法来理解诗歌意义，如点读、齐读、合作读、理解读等方式，读出心情和情感，并配乐诵读。

抓重点，细解其情。可以"恨"为重点开展教学工作，释义"恨"之意。一是可恨之意，二是懊悔之意。其中本诗中的"恨"属于第二种，为"遗憾，不满意"之情，诗人懊悔自己没能及时来赏春而错过了春天。可引导同学们体会诗人错过春时失落的情感，由此诗人想到，自己曾因为惜春、恋春而怨春，但谁知却是错怪了春，原来春并未归去。从失望到希望，从失意到惊喜，从失落到兴奋，都能从"恨"一一体会得到诗人此时的喜悦之情。

深拓展，感知"桃花"。学习历代题咏桃花的传世佳句，感受独有的"桃花"文化，"桃花"象征的是美好与希望，让人向往。

参考文献：

郭湘辉.《大林寺桃花》教学设计［J］. 小学语文教学，2019（13）：38-39.

春游湖

[宋] 徐俯

双飞燕子几时回？夹岸桃花蘸水开①。

春雨断桥人不度②，小舟撑出柳阴来。

[释题]

诗人早春游湖所作，描绘江南水乡特有的风光，展现诗人游湖的乐趣，清新自然，别开生面。

[注释]

徐俯（1075—1141），字师川，自号东湖居士，洪州分宁（今江西修水）人。年幼能诗，为舅舅黄庭坚所器重。诗属江西诗派，晚年之作趋于平易。

①蘸（zhàn）水：贴着水面开放。湖中水满，岸边桃树枝条弯下来碰到水面，桃花好像是蘸着水开放。

②断桥：湖水漫过桥面而不能过人，故称断桥。

[释意]

"断桥"情致

赵鼎臣《和默庵喜雨述怀》评价此诗："解道春江断桥句，旧时闻说徐师川"，认为诗中第三句尤为精妙，以"断桥"这一契机活化全诗，明媚的春景中还带着些疏野情趣。

断桥所衬托的幽丽景致。由桥断而见水涨，由舟小而见湖宽。春暖燕归来，桃花夹岸开，春水漫桥过，柳荫小船来。燕与桃花为常见之景，而水光湖色与茵茵柳色在"断桥"的情态中烘托出来，秀丽的景象中有着淡幽之致。

断桥中造就的奇妙游旅。诗中虽未写"游"字，但"游"字在"春雨断桥"中却得到了充分的体现。一是游玩的方式多样，先是在陆地踏歌而行，而后因水漫桥面，而乘船游览。二是游玩的经历曲折，有桥"断"的阻断，更有乘舟的通行，如"山重水复疑无路，柳暗花明又一村"般转折。三是游玩时心情起伏，先是畅游的明朗，却为桥"断"而苦涩，突然出现小舟，心情豁然开朗。

[释例]

对景能赋，以意剪裁

徐俯倡导写诗要"但以意剪裁之，驰骤约束，触类而长，皆当如人意，切不可闭门和目，作携空忘实之想也"（曾敏行《独醒杂志》）。他认为写诗不仅要写意，更要有情感的触发点，在对景能赋的基础上，才能谈得上以意剪裁。以《春游湖》为例，此诗以清新的笔意写出江南水乡特有的风光，从平常景物中捕捉住新的关系，明媚优雅中含带着荒寒的野趣，造境微妙，读起来清新圆美，气势流动。

其一为"蘸"字，写夹岸桃花似蘸水而开，极为茂盛。着一"蘸"字写出了桃花的鲜艳水灵之感，由此还可以想象到桃花在水中的倒影，侧面也显现出桃树的多枝茂盛。枝叶繁茂，伸展枝条，触摸水面，如同画家笔下的水墨画，如此灵动、水润。

其二为"断"字，写出水涨桥面的情景，侧面写出雨大水满，断桥寂寞无人行，独有一份寂寥与幽静之感。正是这因为"断桥"的阻与通、断与续，诗歌达到了收放自如、张弛有度的效果。

其三为"撑"字，写出扁舟悠然而出的情态，以实写虚，虚实相生，仿佛那湖光春色便呈现在眼前。以一划动的姿态，小舟向明媚的春色中前行，从中感受诗人的喜悦之情。

晚春

[唐] 韩愈

草树知春不久归，百般红紫斗芳菲①。
杨花②榆荚③无才思，惟解漫天作雪飞。

[题释]

诗绘暮春之景。运用奇妙的拟人和想象手法写暮春之景，表达诗人对晚春景色的赞美。一作《游城南晚春》，诗歌创作于唐宪宗元和十一年（816），为诗人郊游即目所见。

[注释]

韩愈（768—824），字退之，河南河阳（今河南省孟州市）人，自称郡望昌黎，世称"韩昌黎"，官终吏部侍郎，世称"韩吏部"，卒谥"文"，故称"韩文公"。诗力求新奇，有时流于险怪，于宋诗影响甚大。

①芳菲（fāng fēi）：芳香而艳丽。

②杨花：指柳絮。如"杨花落尽子规啼，闻道龙标过五溪"。

③榆荚（jiá）：又叫榆钱。榆树未生叶时先长榆荚，榆荚老时呈现白色。

[释意]

春深更着花

城南暮春，盛景逼真动人，虽属晚春，却有百花争艳的场景。

花为晚春开。前两句"草树知春不久归，百般红紫斗芳菲"，"知""斗"两字运用拟人手法，一个心理行为，一个形体动作，均反映了晚春风光的烂漫与热烈。

晚春不褪色。杨花如雪，它也努力为"晚春"添色。杨花闹春，正如《红楼梦》黛玉葬花词一样："柳丝榆荚自芳菲，不管桃飘与李飞"，杨花自是春之主，大胆而可爱。后两句"杨花榆荚无才思，惟解漫天作雪飞"，说杨花榆荚"无才思"，只懂"漫天作雪飞"，拟人手法妙趣，杨花榆荚虽乏色少香，也不甘寂寞来凑热闹，迎风起舞，化作雪飞，挽留春天之意别出心裁，正是草木"有情"，才使得万紫千红的晚春盛景绚烂无比。

[释例]

析手法，觅诗趣

——以秦佑星《晚春》教学设计为例

诗人将花草进行拟人化，使整首诗充满了生命活力，鉴赏时可从拟人手法入手寻觅诗趣。

花草留春，增情趣。因为春将归去，似乎所有草树都探得这个消息而想要留住它，所以它们都各自使出浑身招数，吐艳争芳，一刹那万紫千红，繁花似锦。"知""斗"二字妙致，都是人的行为且具有强烈的情感因素，草木本无情，这里竟然能"知"能"解"还能"斗"，虽是平常之景，但很有情趣。

柳榆添色，化春韵。柳絮、榆荚深知自己"无才思"，所以扬长避短地彰显本色极力为春天添色，想留住春天。"解"字道出它们以因风起舞，化作飞雪的方式留春，生动形象。

对于春天的逝去，诗人并没有用悲伤的情绪作诗，反而用乐观向上的精神来写照。此诗虽然只有二十八字，却将晚春的风采表现得淋漓尽致，给人以满眼风光、耳目一新的印象。

参考文献：

秦佑星.《晚春》教学难点之我见 [J]. 小学语文教学，1995（05）：44-45.

泊船瓜洲①

〔宋〕王安石

京口②瓜洲一水间③，钟山只隔数重山。
春风又绿江南岸④，明月何时照我还⑤。

[释题]

此诗作于熙宁八年（1075）二月，王安石第二次拜相，奉诏进京，舟次瓜洲。全诗围绕"绿"字描写充满生机的江南景象，表达了诗人对变法前景的充满无限希望和喜悦之情。

[注释]

王安石（1021—1086），字介甫，晚号半山，临川（今江西抚州）人。北宋政治改革家，曾两任宰相，主张变法，被列宁称为"中国 11 世纪时的改革家"。为文雄健峭拔，"唐宋八大家"之一。诗遒劲清新。

①瓜洲：镇名，在长江北岸，即今扬州市南部长江边，京杭运河分支入江。
②京口：古城名，故址在江苏镇江市，地处长江南岸。
③间（jiān）：平声，名词，中间。
④绿：本是形容词，这里用作动词，有"吹绿了"的意思。
⑤还（huán）：回归，回到故乡。

[释意]

"绿"乃神光所聚

刘熙载《艺概》评价此诗说："因绿字用得巧，乃神光所聚。"全诗以"绿"聚焦，妙趣无尽。精巧在遣词灵动，描绘春风之精神；精妙在一语双关，春风与心绪相融，人物相谐；精细在体物生动，绿与春风相形，神韵十足。

首先，"绿"字体现了动态效果。以形容词代替动词，从吹的效果看，把看不见的春风转化成视觉，春风和煦，一片新绿，写出了春风精神，使诗更为沉稳。

其次，"绿"色与作者奉诏回京的喜悦心情相和谐。"春风"是绿色的，暗指皇帝的恩泽。如"武帝去来罗袖尽，野花黄蝶领春风"（王建《过绮岫宫》），"春风"实指皇恩，暗指政治上的春天。春风得意，风调雨顺。

最后，"绿"意表达强烈的思乡之情。用"绿"字描写春风，绿与思归联系在一起，极其富于表现力。有了春风相助，以愉快的笔调写他从京口渡江而抵达瓜洲，"一水间"三字形容舟行迅疾，顷刻就到，极写思归之切。以依恋的心情写他对钟山的回望，"只隔"两字极言钟山之近在咫尺。

[释例]

"绿"字绘春意

围绕"绿"来解诗，诗意盎然，春意蓬勃。绘地图，解诗意。从具体到抽象，符合学生心理发展规律。理解"绿"，品诗情。"绿"字描写洋溢着生机，直观江南春天景象，也表达了对变法前景的无限希望和喜悦。鉴赏"绿"，味诗意。通过鉴赏，讨论"绿"字的选定，调动学生兴趣，以学生为主体，发展其思维能力，感受画面美。

一是绘图，理解诗意。通过对京口、瓜洲及"一水间"地理位置的标注分析，理解诗人行程的同时感知"春风"行踪。"春风又绿江南岸"，在空间上，以"绿"来连接行程，有了春风相助，瓜洲与京口只"一水间"行程，钟山也只隔"数重山"距离。以行程之快和距离之近，凸显心理距离之远，表达诗人对故乡的眷恋之情。

二是识境，体味意蕴。"春风"与"又"，再一次吹绿了江南大地，指宋神宗再任他为相，对此很高兴。一方面，希望继续实施变法，另一方面，知道变法不能继续推行，不知道何时被贬回江宁，因此发出"明月何时照我还"的感慨。

三是论"绿"，欣赏画面。"绿"的选定，《容斋随笔》载：据吴中士人，家藏其草，初云："春风又到江南岸"，于"到"字注曰"不好"，改为"过"，圈去，而易为"入"，旋又改为"满"字，如是者十余字，最后始定为"绿"字。足见古人炼字之精严。师生可共同讨论"绿"的妙致，给读者不同的色彩感和生机感。

参考文献：

章炳祥．配图解诗，整合资源——《泊船瓜洲》教学案例［J］．福建论坛（社科教育版），2004（05）：38-40.

惠崇春江晚景①

[宋] 苏轼

竹外桃花三两枝，春江水暖鸭先知。
蒌蒿②满地芦芽③短，正是河豚欲上时。

[释题]

此诗是元丰八年（1085）苏轼在逗留江阴期间，为惠崇所绘的鸭戏图而作的题画诗。诗作再现了原画中的江南仲春景色，又融入诗人合理的想象，与原画相得益彰。

[注释]

苏轼（1037—1101），字子瞻，号东坡居士，眉山（今四川省眉山市）人。北宋著名文学家、书法家、画家，为"唐宋八大家"之一，与父苏洵、弟苏辙合称"三苏"，书法与黄庭坚等并称"苏黄米蔡"，词与辛弃疾并称"苏辛"。

①惠崇：北宋僧人，能诗善画。

②蒌蒿：又名水蒿，草本植物，自古以来都是江淮民众的盘中之物，刚生时柔嫩香脆。

③芦芽：芦苇的嫩芽，可食用。

[释意]

诗堪入画，画可融诗

这首题画诗紧扣画面来写，诚如苏轼本人所说："诗画同一律，天工与清新。"

就描写顺序而言，诗人先从身边景物写起：竹林一片嫩绿、桃花已经绽开，告诉人们春已归来。接着，诗人的视线转到江中：正有群鸭戏水。然后，诗人由江中写到岸上：蒌蒿满地、芦芽吐尖，真是一片生机勃勃。诗人进而联想到了：此时河豚肥美……诗洋溢着清新的生活气息。

就画面而言，画出了桃花之盛开、春江之漾、桃枝长在竹林外、群鸭游于春水、蒌蒿芦芽鲜嫩茂密等景象。苏轼这首诗紧扣画面来写，加上自己的联想，让人体会到了他的高妙之处：如要凭触觉才能感到的水之"暖"，要用思维才能想出的鸭之"知"，要靠经验和判断才能预言的河豚之"欲上"，在画中显现浑然天成，正是："诗画同一律，天工与清新。"

[释例]

诗画交融春意浓
——以林春曹谈《惠崇春江晚景》教学为例

这是一首题画诗，林老师把握住了它的文本特质，围绕"题画诗"这个点，进行三个层次的言意拓展。

一是读一读，诗在画中。读出节奏，读出理解，读出画面，读出诗句间的关联和读出自己的想象，每一遍的读都应有每一遍的目标和收获。

二是品一品，诗在境中。阅读诗歌，大体把握诗意，能从桃花、群鸭、蒌蒿、芦芽、河豚等意象想象情境，体会作者表达赞春、爱春的情感。

三是想一想，诗在心中。在这个环节可放飞学生想法，从而体会"诗中有画，画中有诗"。要读懂诗中的画面，不只是看画上有什么，还要想到画以外的东西。就像苏轼，只由江上的群鸭联想到了很多：鸭提前知道了春江水暖以及诗人想到了河豚欲上等，诗和画融合在一起，诗所写的也不只是景，而是萌动的春光。

参考文献：

林春曹.诗情画意，言意兼得——《惠崇春江晚景》教学谈 [J] . 小学教学（语文版），2018（Z1）：61-64.

春日

［宋］朱熹

胜日^①寻芳^②泗水^③滨，无边光景一时新。
等闲识得东风面^④，万紫千红总是春。

［释题］

春日即春天，诗人描绘泗水边春日美景，表达作者郊游时耳目一新的欣喜感觉，这其实是一首寓理趣于形象的哲理诗。

［注释］

朱熹（1130—1200），字元晦，号晦庵，世称朱文公。徽州婺源（今江西省上饶市婺源县）人，生于福建路南剑州尤溪县（今福建省三明市尤溪县）。南宋著名理学家，有《四书章句集注》等。其诗景理融合，平易自然。

①胜日：原指节日或亲朋相聚之日，此指晴日。

②寻芳：游春，踏青。

③泗（sì）水：河名，在今山东省泗水县，相传当年孔子居洙泗之上传道授业。

④等闲：轻易，随便。

［释意］

于乱世之中追求圣人之道

朱熹作此诗，其意绝不在春光骀荡，诗人看似写实，实际上是虚笔。亦是说理诗佳作，只不过较《观书有感》更形象、更生动、更自然，寓理妥帖无痕，可谓"形象大于思想"。此非一首单纯的游春诗，虽有新鲜的景象，却还值得我们去探究作诗的本意，洞悉其艺术感染力。

心仪孔圣。泗水之滨，其地春秋属鲁，孔子曾在此地传道授业。宋室南渡，泗水已入金人掌控之中。晦翁未曾北上，而此诗写到泗水是因为朱熹潜心理学，心仪孔圣，向往孔子尝居洙泗之间教授弟子。

借泗说理。诗中的泗水是孔门圣地，诗人向往之。"泗水"，乃暗指孔门，所谓"寻芳"，即求圣人之道。"无边光景"表视线所及，透露诗人膜求圣道的本意。"东风"暗喻教化，"万紫千红"即指孔学的丰富多彩。诗人托意于泗水寻芳，实际上是借泗水这个孔门圣地来说理。

[释例]

春日赏春

—— 以何艳《春日》课堂教学为例

这首诗形象鲜明、情景生动，写得很有情趣，所以人们更乐意把它看成一首单纯写游春赏花的佳作。在课堂教学中，何老师通过设置"读、听、看、赏"四个环节，引导学生学习诗作，领略春日美景，达到"情、景、境"共生的效果。

读春景。通过朗读，学生初步了解古诗内容，找出诗中春景，为接下来深入学习古诗奠定基础。读有韵致，读出韵味。

听春声。何老师抓住小学生有较强好奇心和想象力的特点，首先通过设置问题引起学生的好奇心，感知春声，如春水流响之声、春芽坼裂之声、禽鸟鸣啭之声等；然后运用多媒体创设情境，引导学生融入古诗，想象诗中所描绘的情境。

看春色。何老师让学生充分表达自己的观点，描述自己的春游经历，利用多媒体让学生自己身临其境，体会春色美妙。

赏春情。何老师通过向学生描述"泗水"的位置，"东风"的意象，再提问相关的感受，利用多媒体呈现春天万紫千红的景象，从而让学生体验诗人对春天的喜爱之情。

参考文献：

何艳.情在景中生，境在读中来——《春日》课堂教学谈 [J] . 小学生作文辅导（上旬），2017（04）：50-53.

江南

汉乐府

江南可采莲①。
莲叶何②田田③，
　鱼戏莲叶间。
　鱼戏莲叶东，
　鱼戏莲叶西，
　鱼戏莲叶南，
　鱼戏莲叶北。

［释题］

《江南》属汉乐府中的"相和歌辞"，"江南"二字为撷词命题，有"无题诗"之意。本篇可谓写莲诗的鼻祖，却是一首与劳动相结合的情歌。采用民间情歌比兴与双关方式，以"莲"谐音"怜"，象征爱情，以鱼儿戏水于莲叶间来暗喻青年男女在劳动中相互爱恋的欢乐场景。格调清新健康，内容真实可感。

［注释］

①可：合宜，适合。
②何：副词，多么。如"秦王扫六合，虎视何雄哉！"
③田田：荷叶茂盛的样子。

［释意］

爱恋之美

《乐府题解》有言："《江南》古辞，盖美芳晨丽景，嬉游得时。"此诗不仅是一首采莲歌，也是一首情歌，反映了采莲时的光景和采莲青年男女欢乐的心情。

　　一望无际碧绿的荷叶，莲叶下欢快戏耍的鱼儿，水上划船采莲的俊男丽女的欢声笑语，多么秀丽的江南风光！诗中没有一字是写人的，但我们又仿佛如闻其声、如见其人、如临其境，领略到了采莲人内心的欢乐和青年男女之间的欢愉与甜蜜。此歌以简洁明快的语言，回旋反复的音调，优美隽永的意境，清新明快的格调，勾勒了一幅明丽美妙的画面。

　　从文化学的角度，我们又会发现这是一首情歌，"莲"蕴含着"怜"，它隐含着青年男女相互嬉戏、追逐爱情的意思，劳动产生美。你看那些鱼儿，在莲叶之间游来躲去，叫人怎能不想起北方的"大姑娘走进青纱帐"？

[释例]

纯真之恋　美在江南

——以王开美《江南》教学实录为例

　　江南美丽的池塘里不仅莲蓬多，而且荷叶也多，荷叶圆圆的，像喇叭花一样，一片挨着一片，层层叠叠，姑娘们都在高兴地采着莲蓬。池塘里的鱼儿们无忧无虑地在莲叶间游玩，快乐地嬉戏着。

　　通过对"莲"和"鱼"的描写，隐含着青年男女相互嬉戏、追逐爱情的意思。另外"莲"与"怜"谐音，表达出思念、爱恋之意。王老师根据诗意引导学生感受到勃勃生机的青春与活力，领略到采莲人内心的快乐和青年男女之间纯真感情的甜美。

　　王老师运用音乐，给学生创设了情境，帮助学生更好地感受到了诗情。音乐的运用，既符合小学生的心理特点，又以合适的教学方式激起小学生对古诗的热爱。

参考文献：

[1] 杨再喜. 汉乐府民歌《江南》主题新解 [J]. 现代语文，2006（04）：43-44.

[2] 王开美.《江南》课堂实录 [J]. 语文知识，2017（22）：44-47.

采莲曲

［唐］王昌龄

荷叶罗裙^①一色裁^②，芙蓉向脸两边开^③。
乱入池中看不见^④，闻歌始觉有人来。

[释题]

《采莲曲》属汉乐府中的"清商曲辞"，多为描写江南一带水国风光及采莲女劳动生活情态。

[注释]

王昌龄（690—756），字少伯，京兆万年（今陕西西安）人。擅长七绝，有"七绝圣手"之称，多边塞军旅、宫怨闺情之作，诗风清刚俊爽，深厚婉丽。

①罗裙：用细软而有疏孔的丝织品制成的裙子。
②一色裁：像是用同一颜色的衣料剪裁的。
③芙蓉：指荷花。
④看不见：指分不清哪是芙蓉的绿叶红花，哪是少女的绿裙红颜。

[释意]

乱花渐欲迷人眼

明朝唐汝询《唐诗解》云："采莲之戏盛于三国，故并举之，非三国之女会采也。下联描写采莲之景如画。"此诗是一幅采莲图，画面中心是采莲少女们。诗人让她们夹杂在荷叶与荷花丛中，若隐若现，将采莲少女与美丽的荷花融为一体，诗作别具一格。

"荷叶罗裙一色裁，芙蓉向脸两边开"，写采莲少女置身莲池，人荷一体。读者仿佛看到在那一片绿荷红莲丛中，采莲少女的绿罗裙已经融入荷叶之中，几乎分不清孰为荷叶孰为罗裙；而少女的脸庞则与鲜艳的荷花相互照映，读者易产生一种人花莫辨的感觉。

"乱入池中看不见，闻歌始觉有人来"，紧承前两句而来，闻声辨人。荷叶与罗裙、芙蓉与人面，本就恍若一体，难以分辨，只有定睛细察才勉强可辨，所以稍一愣神儿则采莲少女踪迹难寻。直到最后诗人仍不让画的主角出现在画面上，而是把她们作为大自然的化身之外，这样描写留下了悠然不尽的韵味。

[释例]

人面荷花相映红

——读万招娣《采莲曲》赏析有感

动静相宜。从诗歌描写手法来赏析诗意，通过对荷叶和荷花的动静描写，来感知采莲之趣。荷叶绿，写出绿的荷叶和绿的罗裙混杂一起，分不清哪是荷叶，哪是罗裙。荷花红，姑娘的脸庞掩映在荷花中间，看上去好像荷花正朝着姑娘的脸庞开放。荷叶、荷花的静与罗裙、少女脸庞的动，一静一动的画面描写，表现出采莲女天真浪漫、朝气蓬勃的形象。

人荷相映。从诗歌表达情意来理解诗意，写荷是为写人作铺垫。着一"乱"字，可知少女们的裙子颜色与荷叶的颜色一样，她们已经与荷叶和谐共生，融为了一体。在浑然中，诗人才会"闻歌始觉有人来"，产生只听见歌声而没有看见人的错觉。

教学中，以动静结合的描写手法为重点开展诗句品析，将少女与自然融合为一的和谐画面展现得淋漓尽致，让整幅采莲图的画面充满了情趣，让学生深入品析产生意犹未尽之感。

参考文献：

万招娣. 人面荷花相映红——《采莲曲》赏析 [J]. 新语文学习（小学中年级），2012（06）：13-15.

六月二十七日望湖楼醉书^①

〔宋〕 苏轼

黑云翻墨未遮山^②，白雨跳珠乱入船^③。
卷地风来忽吹散，望湖楼下水如天^④。

[释题]

宋神宗熙宁五年（1072）苏轼任杭州通判，六月二十七日乘船游览西湖，登望湖楼因眼前所见景物而心生感慨，浮想联翩，写下了五首绝句，这是第一首，谓“西湖骤雨图”。

[注释]

苏轼（1037—1101），字子瞻，号东坡居士，眉山（今四川省眉山市）人。北宋著名文学家、书法家、画家，为“唐宋八大家”之一，与父苏洵、弟苏辙合称“三苏”，书法与黄庭坚等并称“苏黄米蔡”，词与辛弃疾并称“苏辛”。

①望湖楼：又叫看经楼，在今杭州西湖边。
②翻墨：打翻的黑墨水，这里形容云层很黑。
③跳珠：迸射起来的雨点。
④水如天：形容湖面像天空一般开阔而且平静。

[释意]

动静结合，身临其境

以动衬静，以静衬动，动静结合。

以动衬静。诗中以“翻墨”写云来势汹汹，用“跳珠”描绘雨大如珠，由此可见诗人描写的是骤雨，不是久雨，用乌云翻滚和白雨跳落展示骤雨的节奏和气势。

以静衬动。"未遮山"是骤雨才有的景象，"卷地风"说明雨来得快，分插在第一、第三句中，彼此照应，烘托得很好。最后，用"水如天"写一场骤雨的结束，又有悠然不尽的情致。

动静结合。用"白雨"与"黑云"对照，以动破静；以"乱入船"与"未遮山"比较，动感十足；一会"水如天"，又静态万分。风雨欲来，乌云遮日；暴雨如注，满湖跳舞；雨过天晴，碧波如镜。作者匠心独运，将西湖的晴雨之美用醉态思维展现，以急速的节奏转换，描摹急速变化的一个个场景，让人身临其境，灵动有趣。

[释例]

感受诗的形象之美

宋代张舜民说："诗是无形画，画是有形诗。"诗画同源，诗中有画。如何让学生理解"诗中有画"，则为教学的重中之重。

诗中有画，形象动人。色彩鲜明，黑白相转。由"黑云翻墨"转换到"白雨跳珠"，风雨变幻，生动可感。态势分明，晴雨相继。继而"风卷云散"到"水天一色"，过眼云雨，阳光明媚，水平如洗。境界清明，动静相宜。由雨到晴，动态转化，似一幅五彩斑斓画，画面清新可人，温柔明媚。

参考文献：

陆海芳．多方融合，让学生"来一醉西湖雨"——《六月二十七日望湖楼醉书》教学谈［J］．小学教学研究，2020（10）：37-39.

三衢道中①

［宋］曾几

梅子黄时日日晴②，小溪泛尽却山行③。
绿阴不减来时路④，添得黄鹂四五声。

［释题］

这是一首纪游诗，全诗明快自然，极富生活韵味。写诗人行于三衢山道中的见闻感受，在景物描绘中融入自己愉快欢悦的心情，抒发其对旅途风物的新鲜感受。

［注释］

曾几（jī）（1084—1166），字吉甫，号茶山居士，河南（今河南洛阳）人，其先居赣州（今江西赣县）。论诗与吕本中相类，亦主活法与顿悟。

①三衢（qú）：在今浙江省衢州市常山县，因境内有三衢山而得名。

②梅子黄时：指五月，梅子成熟的季节。

③泛：漂浮，此指乘船。如"漏船载酒泛中流"。

④阴：阴影，树阴，这个意义又写作"荫"。如"树阴照水爱晴柔"（杨万里）、"绿杨阴里白沙堤"（白居易）和"小舟撑出柳阴来"（徐俯）。

［释意］

春山一路好心情

出行天气作美。"黄梅时节家家雨"，是正常现象，而诗人"梅子黄时"出游却"日日晴"，属意外惊喜，使其对天气不好的担心一扫而空。"日日"为入声叠韵字，读起来朗朗上口，把诗人怀着轻松愉快出游的心情淋漓尽致表达出来。诗人游溪尽而兴不尽，便转山行。这使得其山水都游，心情更是愉悦了。

出行鸟鸣相伴。三、四句紧承"山行",写绿树荫浓,归途有黄鹂助兴,渲染出诗人舒畅愉悦的情怀。"来时路"将此行过渡到归程,"添得"二字则暗示出行将归而兴致犹浓。

春山游览觅佳境。诗人通过天气对比、行程对比和绿荫相随、鸟鸣相伴等景致描绘,将一次平常的行程,写得错落有致,不仅写出初夏宜人景色,而且诗人山行时轻松愉悦的好心情也跃然纸上。

[释例]

探诗情之美

——以戴建荣《三衢道中》教学为例

分析对比手法。全诗通过对比融入感情,将往年阴雨连绵的黄梅天与眼下的晴朗天气对比;将来时的绿树及山林的幽静与眼前的绿树与黄莺叫声对比,于是产生了起伏,引出了新意。全诗又全用景语,浑然天成,描绘了浙西山区初夏的秀丽景色;对比地描写景色把诗人的愉悦情状栩栩如生展现给读者,让人感受到其喜悦的心情。

吟诵诗歌韵律。诗歌富有极强的音韵美,古人吟诗遵循"平长仄短入声促"的原则,吟诵时朗朗上口。此诗中"日日""添得"两词皆为入声,在古诗音韵教学中入声字的诵读要快且促,通过诵读入声字,读出诗人梅雨季节遇上好天气的愉悦心情及游玩时轻松愉快的心情。

讲究品析方式。此诗可采用情境教学法进行教学,以绘画再现、音乐渲染、语言描绘为主,旨在入境悟情。教学过程中可通过图片、简笔画、剪贴画以及伴奏、弹唱、吟诵等形式呈现古诗内容,使情境再现,让学生身临其境。这可引起学生的共鸣,从而领悟诗情,激发学习兴趣。

参考文献:

课堂实录《三衢道中》[EB/OL].(2019-10-27)[2022-6-28].https://www.meipian.cn/2h92861g.

小池

[宋] 杨万里

泉眼无声惜细流①，树阴照水爱晴柔②。
小荷才露尖尖角，早有蜻蜓立上头。

[释题]

这是一首描绘初夏池塘美丽景色的小诗。作者运用丰富、新颖的想象和拟人的手法，细腻地描写了小池周边自然景物的特征和变化。

[注释]

杨万里（1127—1206），字廷秀，号诚斋，吉水（现江西省吉安市）人。南宋"中兴四大诗人"之一，倡导"活法"作诗，创辟出一种新鲜活泼、透脱灵动的诗风，号为"诚斋体"。

①惜：爱惜。如"劝君莫惜金缕衣，劝君惜取少年时"。

②阴：阴影，树阴，这个意义又写作"荫"。如"绿阴不减来时路"（曾几）、"绿杨阴里白沙堤"（白居易）和"小舟撑出柳阴来"（徐俯）。

[释意]

"活法"中感受自然

钱钟书《宋诗选注》欣赏杨万里所创辟的"活法"，以为其最主要特点是努力跟自然重新建立"嫡亲母子的骨肉关系"，要恢复耳目观感的天真状态。《小池》即为明证，充分体现这一"活法"，赋予自然物体以生命知觉，巧妙地写出了自然物之间的亲密关系，达到一种陌生化、新奇化的审美效果。

一方面，活化情态，"熟"境变为"生"境。"泉眼""细流"，本夏日平常光景，下一"惜"字，仿佛泉眼故惜涓滴，化无情为有情。"树阴""池水"，着一"爱"字，则又似绿树以池水作妆镜，展现其绰约风姿。这两句把

91

读者引入一个精致、温柔的境界，情味盎然，饶有兴趣。

另一方面，活化镜头，"常"态变为"异"态。诗人善于捕捉镜头，如"摄影之快镜"，一个"才露"，一个"早立"，前后接续，心有灵犀，把蜻蜓和荷花相依相偎这一自然和谐情景形容尽致。"露角"与"立上"，无限生机，多少天趣，集中在这个聚光点上，照亮了全诗。

[释例]

自然里体会亲情

杨万里对自然有着敏锐的感受力和超常的表现力，在他笔下自然景物的一动一静都具有灵性、知觉和情感。杨万里以荷诗闻名，以《小池》和《荷池小立》为例，感知荷韵，感受自然万物与人类的相融相通，在池水与泉、树荫与水、荷盘与小荷的相处关系中感受生活中关爱、关怀与关切。

写《小池》表现质朴之爱，万物相聚，享受细水长流的恬淡与纯真。小池景物彼此关爱，相互怜惜，就像一个家庭一样。岩石对泉水的关爱为"无声"之爱，沁人心脾，如母亲轻抱婴儿，温柔亲昵。初夏的树荫也对池水尤为怜惜，为其庇护，树映水中，柔光点点，如父母宠爱的神情，轻柔温顺。

写《荷池小立》展现成长之态，给予自由，感受世间父母的无私与伟大。"池小泉多强欲留，留他不住恣他流。荷盘不放荷尖出，穿破盘来却又休。"小池强欲留泉水，留不住只能任其肆意奔腾；小荷欲出水，荷盘盖不住待其成长。小池对泉水的"欲留"和荷盘对小荷的"不放"，如同父母对孩子的严厉管束；当孩子长大，父母给其自由，助其逐梦，愿其幸福。诗中透露着浓浓的生活气息与人情味，自然与人情完美一体。

枫桥夜泊

［唐］ 张继

月落乌啼霜满天，江枫渔火对愁眠。
姑苏①城外寒山寺②，夜半钟声到客船。

［释题］

《枫桥夜泊》是诗人在安史乱后，途经寒山寺夜泊枫桥写下的一首羁旅诗。情味隽永，意境清远。

［注释］

张继（约715—约779），字懿孙，襄州（今湖北襄阳）人。诗多登临纪行之作，不尚雕饰，清丽自然。

①姑苏：苏州的别称，因城西南有姑苏城而得名。

②寒山寺：寺名，在今苏州市西枫桥镇，初建于梁代，相传唐初诗僧寒山曾住于此而得名。

［释意］

只闻钟声，愁眠自知

明人陈继儒《唐诗三集合编》评此诗说："全篇诗意自'愁眠'上起，妙在不说出。"愁眠自起，以夜半之钟声为托，在视听结合、动静对比和虚实相生中写竟夕光景，辗转反侧之意自见。

其一，诗中意象皆为夜半钟声的背景。"月落"写所见，"乌啼"写所闻，"霜满天"写所感，层次分明地体现出先后承接的时间和感觉过程。诗人言"愁"，原极为沉重，却因特有的情趣，以"轻"写"重"，以声传情，使诗的整体画面有生气。

其二，动静对比凸显愁眠。"江枫"和"渔火"，一静一动，一暗一明；

93

一为朦胧迷茫，一为星星点点，二者相应相衬，激人情思，说是"无眠"却分明是"对愁眠"。

其三，诗人"夜泊枫桥"，实际未亲见寒山寺只闻钟声。所见为虚，所听钟声为实，虚实相映，"愁思"更见浓郁；诗人以钟声衬夜静，以"有声"写"无声"，更使人顿生羁旅感和空寂感，创造出富有神韵的艺术意境。

[释例]

理解"钟声"意象，探寻文化之根
——以王崧舟《枫桥夜泊》课堂教学为例

抓住文字、文学、文化三方面，运用起承转合四种"钟声"传递温情，探讨诗人的愁眠，感悟跨越千年的文化。

举象造境，勾勒枫桥月落图。先将文字还原成一个个生动、具体的意象，这便是举象；接着把富含生命意义的意象重新组合形成画面，逐步导向情境中，这便是造境。以夜半钟声为背景，通过视听结合组合意象来感受"愁眠"。将"月落"与"霜天"相互交融，以"霜月"衬"客思"，在品析文字间感受诗人遣词妙趣和表情达意的精妙。

因声求气，诵读诗中"愁情"。因声求气是指在特定情境中下，通过诵读探求语言文字的声气、节奏，进而领会文学作品的"神韵"。好诗不厌千遍读。读明韵脚，"天""眠""船"三处韵脚要重读，读出一种内蕴，如读"愁眠"时，需压低声音读出幽幽的沉闷感。读清节奏。读出七言诗句前四后三的节奏感，节奏要有变化，亦可吟唱，有板有眼地读。读出情韵。依据诗情表达的起承转合来品读诗句的韵味，读具情韵。

理解钟声，探寻文化意蕴。以"钟声"意象的经典诗词、歌曲为抓手，将诗歌置于历史和文化之下解读。先以时间为脉，寻找钟声流传至今的原因，考证寒山寺"夜半钟声"的渊源。再理解将愁眠寄托"钟声"意蕴，钟声余音袅袅，能营造一种绵邈空灵的韵致。最后，正因"夜半钟声"神来之笔的点染，才使"枫桥夜泊"得以神韵悠然。

参考文献：

姚春杰．小学语文名师古诗文课堂实录［M］．上海：华东师范大学出版社，2018.

暮江吟

［唐］　白居易

一道残阳铺水中，半江瑟瑟半江红^①。

可怜九月初三夜^②，露似真珠月似弓^③。

［释题］

《暮江吟》属白居易"杂律诗"中一首，诗写随性所见。小诗写黄昏时分江边美景，语言清丽流畅，格调清新，自然可爱。此诗为长庆二年（822）白居易赴任杭州刺史途中所写。

［注释］

白居易（772—846），字乐天，原籍太原，后迁居下邽（今陕西渭南）。贞元进士，初仕秘书省校书郎，任翰林学士，后贬江州司马，任杭州、苏州刺史。晚年闲居洛阳，与香山寺僧人来往，号香山居士，又号醉吟先生，以刑部侍郎致仕。新乐府运动的倡导者，与元稹唱和，世称"元白"。诗风浅显平易，有"童子解吟长恨曲，胡儿能唱琵琶篇"之谓。

①瑟瑟（sè）：碧绿色。

②怜：爱。

③真珠：即珍珠。

［释意］

红日西沉，新月东升

红日西沉与新月东升融会在一幅图景之中。

红日西沉。明代杨慎《升庵诗话》："诗有丰韵。言'残阳铺水'，半江之碧，如'瑟瑟'之色；'半江红'，日所映也。可谓工微入画。"前两句写夕阳落照中的江水。"一道残阳铺水中"，残阳照射在江面上，不说"照"，却说"铺",这个"铺"字显得委婉、平缓,写出了秋天夕阳独特的柔和,给人以亲切、安闲的感觉。"半江瑟瑟半江红",天气晴朗无风,江水缓缓流动,江面皱起细小的波纹,暮江细波粼粼、光色瞬息变化。

新月东升。诗人流连忘返,直到初月升起,凉露下降的时候,眼前呈现出一片更为美好的境界。用"真珠"作比喻,不仅写出了露珠的圆润,而且写出了在新月的清辉下,露珠闪烁的光泽。诗人把这天上地下的两种美妙景象,压缩在一句诗里——"露似真珠月似弓"。作者看到像弓一样的一弯新月,想起当时正是"九月初三夜",不禁脱口赞美它的可爱,直接抒情,把感情推向高潮,表现了诗人轻松愉快的心情。

[释例]

"铺"的妙用

——读钟科《暮江吟》教学片段有感

诗人特别的经历让他有不同的感悟,"铺"字正好能表现他那份复杂的感情,这是作者的独到之处。钟老师在引导学生体会"铺"的妙用时,根据学生替换的近义词进行巧妙引导。

"铺"换成"照"。"照"有不同的角度,"铺"是斜照,根据古诗格律,诗句中并不能加个"斜"字。此外,还能引导学生体会"铺"的含义丰富,相比之下,"照"字的用法较为直白,"铺"字诗意盎然。

"铺"换成"洒"。"洒"和"照"从太阳位置看都应该较高,不能表现夕阳快要下山时的情景,没有"铺"用得准确。此过程,学生还能体会到用"洒"字时江水是轻松活泼的,用"铺"字时是安静平和的,给人的感受不一样。夕阳西下,美好的一天就要过去了,余晖铺在江面上,让人产生依依不舍的感觉。

"铺"换成"映、射"。"映、射"都有斜射的意思,但不能准确地表现夕阳快要下山时的情景。相比之下,"铺"用上了拟人的手法,更加生动形象,反映出夕阳西下时光线柔和、江水平静美丽。

参考文献:

钟科. 巧引体会"铺"的妙用——《暮江吟》教学片段赏析 [J]. 江西教育,2012(Z2):62.

山行

[唐] 杜牧

远上寒山石径斜①，白云深处有人家②。
停车坐③爱枫林晚④，霜叶红于二月花。

[释题]

诗记山行所见，赞美深秋山林美景。全诗构思新颖，于萧瑟秋风中摄取绚丽秋色，与春光争胜，令人赏心悦目。诗虽是即兴咏景，却也咏物言志，属诗人内在精神世界的表露。

[注释]

杜牧（803—852），字牧之，京兆万年（今陕西西安）人，与李商隐并称"小李杜"。写景抒情小诗，多清丽生动。

①斜：倾斜意，叶韵可读 xiá。

②深：一作"生"。深，形容词，可理解为在云雾缭绕的深处；生，动词，可理解为在形成白云的地方，实则是炊烟。

③坐：因为，由于。如"但坐观罗敷"。

④晚：作深秋解。例岳麓山有"爱晚亭"，赏深秋景秀。

[释意]

"停车坐爱枫林晚" 之秘密所在

小诗抒发了诗人对深秋山景的赞美和喜爱之情。第三句"停车坐爱枫林晚"描写枫林晚景，却使诗人惊喜之情难以抑制。前两句所写的景物已经很美，为什么诗人更爱枫林呢？

景致美。第四句点明喜爱枫林的原因："霜叶红于二月花"。诗人把经霜的枫叶与二月的鲜花作对比，满山的秋色充满着生机、蕴含着磅礴的气势，和那明媚的春光对比一点也不逊色，和刘禹锡"自古逢秋悲寂寥，我言秋日胜春朝"有着异曲同工之妙。

心境美。秋高气爽，红枫似火，无不透露着秋天的诗情，此时的诗人沉醉于秋天的绝妙景色，流露出看"万山红遍"的喜悦，"不是春光，胜似春光"。这或许便是诗人"停车坐爱枫林晚"的秘密所在吧。

[释例]

"坐""于"的妙用
——读易光武浅析杜牧《山行》有感

诗的后两句"停车坐爱枫林晚，霜叶红于二月花"，抒发了作者对深秋山景的赞美之情。在教学中可以抓住"坐"和"于"二字来赏析诗句。

"坐"字理解。"坐"，介词，表原因，作"因为、由于"讲，如汉乐府《陌上桑》："耕者忘其犁，锄者忘其锄，来归相怨怒，但坐观罗敷。""但坐观"是"只因为看"，而不是"坐着看"。诗人因为喜爱这深秋枫林的美景，所以停车下来尽情观赏。在诗人眼中，经霜的枫叶有比春花更耐得住秋霜磨炼的顽强品格，所以更讨人喜欢，"坐"字表明了诗人山行停留的心绪和情态。

"于"字理解。"于"，介词，表比较，相当于"过"，作"胜过""比"解。在诗人眼中，那经霜的枫叶比二月的鲜花还要鲜红美丽，这满山的秋色胜过那明媚的春光，"于"字表达了诗人对这深秋枫林美景的喜爱之情。

参考文献：

易光武. 不是春光 胜似春光——浅析杜牧《山行》[J]. 湖南教育，1987（05）：30.

逢①雪宿②芙蓉山③主人

［唐］刘长卿

日暮苍山远，天寒白屋贫④。
柴门闻犬吠，风雪夜归人。

［释题］

此诗以投宿时间顺序为主线，描画旅客暮夜投宿、山家风雪人归为素材的寒山夜宿图。全诗语言朴实浅显，叙事虽简朴，却含意深刻。

［注释］

刘长卿（？—约789），字文房，河间（今属河北）人。刘长卿善于描绘自然景物，风格简淡，长于五言，称为"五言长城"。

①逢：遇上。

②宿：投宿，借宿。

③芙蓉山：各地以芙蓉命山名者甚多，这里应指湖南桂阳或宁乡的芙蓉山。

④白屋：未加修饰的简陋茅草房，一般指贫苦人家。

［释意］

风雪夜归图

《唐人绝句精华》评："此诗二十字，将雪夜宿山人家一段情事，描绘如见。"此诗语言朴实浅显，写景如画，把山行和投宿的情景描写得栩栩如生。诗中纯用白描手法，语言朴实无华，格调清雅淡静，却具有悠远的意境与无穷的韵味。

这首诗描绘的是一幅风雪夜归图。前两句写诗人投宿山村时的所见所感。"日暮"点明时间是傍晚，"苍山远"，是诗人风雪途中所见。青山遥远朦胧，暗示了跋涉的艰辛，也反映了急于投宿的迫切心情。"白屋"点明投宿的地点，主人简陋的茅屋，在严寒中更加显得贫穷。贫寒、清白的氛围，反映了诗人独特的感受。后两句写借宿山家之后的所闻所思。寒山远行而欲投宿山家，孤旅行止却闻知静寂，在风雪夜思考夜归人的人生。

［释例］

神秘夜归人

暮寒山行路。"日暮""天寒""苍山""白屋"，不仅在画面上写出了诗人崎岖跋涉的苦况，透过画面，更使人感觉诗人对自己坎坷不平的遭遇的叹息。此诗以白描取胜，饶有韵致。远景与近景，动态与静态，人与动物，情与景，相互衬托，浑然一体，构成一幅意境深远的画面。暮色苍茫，山路漫长，"远"字描写了行人在日暮山路上行进时孤寂劳顿的旅况和急于投宿的心情，"寒"字显示环境的凄清和行客内心的凄冷。

风雪夜归人。在风雪声、犬吠声和柴门声的合奏中，出现了犬吠人归的场景。归者何人，历来众说纷纭。诗人。风雪中赶路，为不误仕宦（或贬谪）日程，于艰难中求进仕。主人。为何要披风戴雪外出归来，亦在为生计奔波忙碌，还是其他因素影响归家？行人。又一位夜行者，风雪夜也在逆行！"白屋"内外，风雪途中，归人是谁？所求为何？值得读者去想象和思索。犬吠，在白雪苍茫中显得十分惊心，脚步声惊动狗叫，狗叫声惊动着行人的脚步，犬吠声明晰，"风雪夜归人"却模糊：是投宿者问路，还是行旅者赶路，抑或是外出者归家，无法释读。

第二篇　人　生

人生自是有情痴，此恨不关风与月。

——［宋］欧阳修

（一）事理童趣诗

　　事理童趣诗共 13 首，其中《登鹳雀楼》《观书有感》《题西林壁》等 6 首为事理诗，《村居》《小儿垂钓》《夜书所见》《稚子弄冰》等 7 首为童趣诗。

　　事理诗以借景寓理为主，通过景物描写抒发人生哲理。在哲理诗中，诗人通过眼前山水自然之景，感叹生活之境，感悟人生之悲欢离合。

　　童趣诗则是通过对儿童的形象、动作、情态、语言和心理等描绘，表现其天真活泼、坦诚真诚的天性，展示可笑又可爱童真童趣。玩耍是儿童的天性，儿童在玩中乐，在玩中成长。一年四季，寒来暑往，儿童除读书之外，都在玩耍中度过，充满着童真和童趣。春天，可以放风筝、捉蝴蝶和捉柳花。夏天，可以玩水、钓鱼和捉蝉。秋天，可以捉蟋蟀。冬天，可以玩冰雪。童趣诗是儿童视角的独特再现，亦是儿童思维的灵活表达，其中艺术手法和哲思意境的包裹，使得童趣诗充满人生的体会和精神世界的审美。

登鹳雀楼

［唐］ 王之涣

白日依山尽，黄河入海流。
欲^①穷^②千里目，更上一层楼^③。

[释题]

此诗是登楼题咏之作。诗人描写登鹳雀楼所看到的奇观壮景，不禁发出人应该站在人生制高点、历史最高处的感叹。鹳雀楼在今山西永济市，也称云栖楼，与武昌黄鹤楼、湖南岳阳楼、南昌滕王阁齐名，被誉为我国"四大名楼"。

[注释]

王之涣（688—742），字季凌，绛郡（今山西新绛）人，原籍晋阳（今山西太原）。《全唐诗》存其诗六首。

①欲：想要。如李白诗句："欲渡黄河冰塞川，将登太行雪满山。"

②穷：尽，极。

③更：愈加，再。如"劝君更尽一杯酒，西出阳关无故人"。

[释意]

登高望远

唐汝询《唐诗解》评价："日没河流之景，未足称奇，穷目之观，更在高处。"诗写登高与望远。

登高所见。前两句写登楼望见苍茫壮阔的景象，短短十字，日、海、山、河，并吞万有，气象开张。写落日，写河流，却绝无"夕阳无限好，只是近黄昏"和"恰似一江春水向东流"的感伤；相反，这景象豪迈壮阔，激起的是人不能自已的豪情。尤其"白日"属难得一见，写傍山的太阳，圆而益大，明朗璀璨，映衬恢恢天宇，更显气势磅礴。为何是白日而非红日？可能有以下原因：第一，作者可能黄昏前就已来此看景，此时为白日；第二，因山高，日落太阳实际上没有接近地平线，故不是红日；第三，红虽美却显消沉不若白之强烈壮阔，故红日与全诗雄壮豪迈的气势不符。

望远所叹。"欲穷千里目"，诗人的目光追随着依山夕照辉映下的滚滚黄河远去，于是自然产生了"更上一层楼"的迫切愿望。它不仅歌颂了祖国的大好河山，表现了诗人的襟怀抱负，更蕴含了"站得高才能望得远"的人生哲理。

[释例]

三"得"品三"境"

——以张赛清教学设计为例

第一"得"：紧扣"依"字，感受诗情画意的物境。"依"有"靠"的意思，"依"将白日拟人化，诗人登楼远望，看见白日逐渐西沉，依偎群山下落，为整幅画面增添一抹暖色。

第二"得"：紧扣"尽"字，感受哀乐悲欢的情境。夕阳慢慢落入群山怀抱直至消失不见，诗人收回目光，看到了夕阳落山之后的黄河水正浩浩汤汤奔流入海，诗人眼光追随着黄河水极目远眺，企图一眼望尽河水与海水交汇的过程。"尽"字承上启下，将"白日依山"和"黄河入海"连接在一起，白日虽"尽"但景色未"尽"，即使道阻且长，海高路远，但黄河水依旧"奔流到海不复回"。

第三"得"：紧扣"上"字，感受不可名言的意境。"欲穷千里目，更上一层楼"，俨然说明了诗人当时所处之位尚且不是最高之处，欲要看得更远，当该站得更高，只有站得高才能望得远。从辩证角度而言，这里的更高可以指涉很多的层面。无论是人生之平台，或者国家的层面，甚至于世界的视野与格局，乃至于全人类的总体发展的趋势而言，当需要有一种大局、全局的视野与意识，如此，才能观望得更为深刻。

参考文献：

张赛清. 紧扣"三字"析出"三得"——以《登鹳雀楼》教学为例 [J]. 语文教学通讯，2021（16）：64-66.

独坐敬亭山

［唐］李白

众鸟高飞尽①，孤云独去闲②。
相看两不厌③，只有敬亭山。

［释题］

独坐，与敬亭山对视。敬亭山，在今安徽宣城北面，风景如画。独坐敬亭山，李白看山，诗意万端，与杜牧看山同趣："南山与秋色，气势两相高。"

［注释］

李白（701—762），字太白，号青莲居士，唐朝浪漫主义诗人，被誉为"诗仙"，诗风豪放飘逸。写景绝句清新自然。

①尽：完，没有了。如："白日依山尽，黄河入海流。"

②闲：安静，安宁。如："人闲桂花落，夜静春山空。"

③厌：同"餍"，满足。如："山不厌高，海不厌深。"

［释意］

欲语还休的孤寂之感

黄叔灿《唐诗笺注》云："'尽'字、'闲'字是'不厌'之魂，'相看'下着'两'字，与敬亭山对若宾主，共为领略，妙！"一语将"独坐"神理阐明。

"众鸟高飞尽，孤云独去闲"，独坐无趣。"众鸟高飞"，本来含有热闹喧腾的气氛，但作者紧接着用一个"尽"字抹去了众鸟喧闹的声音和欢腾的形态。"孤云"本是漂泊无定之物，与诗人漂泊般的身世有些相似，然而当作者要注目寄情于它时，它竟也飘然而去。运用拟人化手法，"闲"字赋予孤云悠闲飘然的神态，也衬托出作者心境的闲适。

"相看两不厌，只有敬亭山"，独坐生意。"相看"后着"两"字，不仅言明诗人与敬亭山对若宾主，更赋予诗人所静享的此种孤独以诗意。"只有"二字，读出了诗人的无奈和他内心的深深孤独感，运用了拟人手法将敬亭山人格化，指出虽众鸟高飞，孤云独去，身无佳友亲朋在侧，但诗人此刻却拥有一份与敬亭山同悲欢的孤独之感。诗人"长期漂泊"而饱尝人间辛酸滋味，看透了世态炎凉，从而加深了对现实的不满，增添了孤寂之感，表达了诗人怀才不遇而产生的孤独和寂寞，从而到大自然怀抱中寻求慰藉，更寄托了诗人屡遭冷遇，愤愤不平，寂寞凄凉的心情。

［释例］

主动的孤独

李白的"孤独"不是对命运的被动承受，而是一种主动的选择和坚守，如柳宗元一般："孤舟蓑笠翁，独钓寒江雪"，属于中国文人的孤独，是一种我本高洁："性本爱丘山"的坚守。

一"云"一"鸟"，皆是有情有意。"众鸟"和"孤云"动中见静，以动衬静，喧嚣而逝的群鸟、飘然而离的孤云与兀然独坐的诗人构成强烈的反差。"鸟"和"云"可以解读为个人的杂念私欲，鸟和云的离去，实际上就是个人杂念的清除，让自己的心归于平静。

一"闲"一"山"，道尽其韵其神。"孤云"带有隐喻之意，意指漂泊无定之物，"闲"字写尽孤云悠然蹁跹之态，于一鸟一云中道尽孤寂之感。诗人与敬亭山对坐，表明的是"坐忘"的心灵状态，当诗人与青山对坐时，他的心也慢慢地沉静下来，沉浸到大山的宁静之中。这首诗与其说把情感寄托给敬亭山，不如说是诗人把自身投入敬亭山之中，彻底忘怀自我，消融自我。

参考文献：

黄毅．千古孤行——《独坐敬亭山》中"孤独"的文化内涵［J］．湖南教育：中旬（B），2019（01）：27-29.

酬乐天扬州初逢席上见赠^①

〔唐〕 刘禹锡

巴山楚水凄凉地，二十三年弃置身。
怀旧空吟闻笛赋^②，到乡翻似烂柯人^③。
沉舟侧畔千帆过，病树前头万木春。
今日听君歌一曲，暂凭杯酒长精神。

[释题]

宝历二年（826），刘禹锡罢和州（今安徽和县）刺史任返回洛阳，同时白居易从苏州归洛阳，两人在扬州相逢。白居易在筵席上赠诗《醉赠刘二十八使君》，其中有"亦知合被才名折，二十三年折太多"之句。刘禹锡亦写了《酬乐天扬州初逢席上见赠》来酬答。见，放在动词前，表示对自己怎么样，可译为第一人称"我"。

[注释]

刘禹锡（772—842），字梦得，洛阳（今属河南）人。有"诗豪"之称，与柳宗元友善，并称"刘柳"，与白居易唱和，并称"刘白"。其诗通俗清新，善用比兴手法寄托政治内容。

①酬：答谢，酬答，这里是指以诗相答的意思。

②闻笛赋：西晋向秀经过亡友嵇康旧居，听见邻人吹笛，不胜悲叹，写下《思旧赋》。

③烂柯人：指晋人王质。

[释意]

借典寓理

余陛云《诗境浅说》评述："梦得此诗，虽秋士多悲，而悟彻菀枯，能知此旨，终身无不平之鸣矣。"这首诗一洗伤感低沉情调，尽显慷慨激昂气概，感情真挚，沉郁中见豪放。诗情起伏跌宕，不仅反映深刻的人生哲理，也具有很强的艺术感染力，其中借典寓理最为精妙。

其一是"闻笛赋"。三国曹魏末年，嵇康、吕安因不满司马氏篡权而被杀害。后来，向秀经过朋友旧居，听到笛声，不禁悲从中来，于是作《思旧赋》。诗人以典怀念在"永贞革新"失败后被杀的王叔文和被贬而死的柳宗元、凌准等旧友，典故从侧面反映了当时政治的黑暗，表现诗人对亡友的不幸既愤愤不平又无可奈何的惆怅心情。

其二是"烂柯人"。《述异记》："晋王质入山采樵，见二童子对弈。童子与质一物，如枣核，食之不饥。局终，童子指示曰：'汝柯烂矣。'质归故里，已及百岁。"诗人以王质自比，抒发遭贬多年的感慨，表达世事沧桑，暮年返乡恍如隔世的心情。诗人借典进一步表现"千帆过""万木春"新人辈出，表达令人欣慰的豁达胸襟及重新投入生活的意愿和坚韧不拔的意志。

[释例]

纵然挫败　不失堕落

诗人用典怀念故友和抒发恍如隔世之感。怀念起逝去的朋友，只能徒然地吟诵"闻笛赋"以寄哀思，此番回来，恍如隔世，只觉得人事全非，不复旧时光景。"空吟"二字，把诗人内心的痛惜和寂寞渲染得淋漓尽致。

教学中可借典分析并发现诗人乐观面对生活的态度及坚韧不拔的精神。但全诗出彩之处，在于诗人并没有执着于自己痛苦感情的继续陈述，而是笔锋一转，从对过去个人不幸的追忆中掉转头来向前看。通过恰切的比喻和鲜明的对照，表现其豁达的襟怀和卓越的识见，"暂"字，既传达出对友人白居易的深深谢意，又自然流露出自己坚韧不拔的斗争意志。

参考文献：

赵娟．追怀以抒情，高歌以励志——解析刘禹锡《酬乐天扬州初逢席上见赠》[J]．现代语文，2006（01）：22.

题西林壁

[宋] 苏轼

横看①成岭侧②成峰，远近高低各不同。
不识庐山真面目③，只缘身在此山中④。

[释题]

西林：即西林寺，位于庐山北麓，与东林寺相邻。元丰七年（1084），诗人由黄州贬所改迁汝州团练副使，于五月游庐山，本诗为游完庐山后题写在寺里墙壁上。诗人通过对庐山不同方位的观察，道出看待事物要辩证认识局部与整体关系的道理。

[注释]

苏轼（1037—1101），字子瞻，号东坡居士，眉山（今四川省眉山市）人。北宋著名文学家、书法家、画家，为"唐宋八大家"之一，与父苏洵、弟苏辙合称"三苏"，书法与黄庭坚等并称"苏黄米蔡"，词与辛弃疾并称"苏辛"。

①横看：从正面看。庐山总体南北走向，横看就是从东西两面看。

②侧：旁，旁边，这里指侧面。

③识：识别，辨认。

④缘：因为。如"取次花丛懒回顾，半缘修道半缘君""花径不曾缘客扫，蓬门今始为君开"。

[释意]

当局者迷

毛谷风《宋人七绝选》云："此诗反映'当局者迷，旁观者清'的哲理。"

当诗人感慨身在庐山之中反而不识其真面目之际，实质上是识得了这庐山的真面目以后的感悟之语。在这个识得、辨真知的过程中，诗人历经了横看与侧看、反复地远看与近看，甚至于高看、俯视等，在心中在脑海中凝聚了各个角度观察所得的认识，于庐山有着综合的判断和深切的体验。

当对庐山的整体的面貌有了清晰而深刻的印象后，才感知即使当身处山中的某个局部之处或者以局部而去审视观察的时候，反而不识其真面目。从看山而推及看人与物，看事与史，看社会与人生，观风景与看世界，都当有如此辩证的联系。看局部的山，能看到其百态万象；而看整体的山，却难管窥山之全貌。看待事物之际，我们当需要一种既顾虑于局部也着眼大局的视野。

[释例]

在生活中发现哲理
——以范华仙《题西林壁》教学为例

古诗重在"读"，诗歌的理解离不开读。范老师从"四读"——初读、再读、品读、补读，带领学生借景物明道理，由"读"知生活。

初读，整体感知。从诗句节奏和平仄规则反复诵读古诗，整体感知全诗情感基调。

再读，感受"不同"。诗人身在庐山之中，视野被庐山的峰峦所局限，只能看到庐山的一峰一岭一丘一壑，通过展示庐山远看、近看、高看、俯视等不同角度所观察到的画面图片，感受"不同"，从而引出"不识"。

品读，感悟"不识"。悟"不识"，应"要识"。让诗人与读者进行对话，层层递进，明白为何在"山中"会"不识"真面目，感悟"当局者迷，旁观者清"的哲理，得出应辩证看待事物的道理。

补读，诗歌对比。将《题西林壁》与《登飞来峰》作比较，《题西林壁》是借助庐山形象，深入浅出，道出之所以会被事物的假象所迷惑，就是因为没有掌握正确的观点和方法，没有彻底认识事物的道理；《登飞来峰》蕴含着只有掌握了正确的观点和方法，当认识达到一定高度，就能透过现象看本质，才不会被事物的假象所迷惑。

参考文献：

范华仙，曲青亚. 理从景中来　诗在生活中：《题西林壁》教学设计与点评 [J]. 小学教学研究，2009（07）：19-20，22.

观书有感

［宋］朱熹

半亩方塘一鉴开①，天光云影共徘徊②。

问渠那得清如许③？为有源头活水来。

［释题］

诗谈"观书"体会，无一字讲理却饱含深意，"源头活水"才是"清如许"根源，阐明读书为明理之至道。

［注释］

朱熹（1130—1200），字元晦，徽州婺源（今江西省上饶市婺源县）人，南宋著名理学家，其诗多以明理言志为务。

①鉴：镜子。

②徘徊：来回地走。如"小园香径独徘徊"。

③渠（qú）：第三人称代词，相当于"他（它）"，此指方塘。

［释意］

活水源头

宋代罗大经《鹤林玉露》说此诗："借物以明道。"借源头活水比喻读书明理之道。

此诗借景喻理。"半亩方塘一鉴开，天光云影共徘徊"，景象喜人。诗人将方塘视为鉴镜，虽非以明亮之意描摹，却可见其深意，诗人用词巧妙，以清而喻明之意，是因池水如镜般，呈现与显示的是一种澄澈明净、摇曳生姿的境界。池塘反映他物，以其摇曳之姿与这天光云影造就这异常灵动的水中映像，当然，"共徘徊"的抒写将这一塘水境描摹得更为灵活，由此将"活水"引出，足见其匠心所在。

这池塘之水能够持续地保持自身的洁净之态只因"活水"的不断冲刷，在这里，也点明了诗歌所蕴含的人生哲理：倘使心灵的澄明之态得以保持，当需时常补充新知，如此，才能达到更高的人生境界，读书是达到这一妙境的妙道。

[释例]

画中悟理
——以蔡绪隐《观书有感》教学为例

蔡老师通过讽诵、吟咏和补读，分别体味诗歌音、形、意三方面不同的美感。唐诗重意趣而宋诗重理趣，无论是抒情还是明理，都应该将鉴赏重点放在对景物的勾勒与描摹上。

讽诵，品味音之美。古诗教学应注重诵读，从字音中品味古诗美。教师可从两方面进行引导：一是对诗句节奏进行切分，二是根据"一三五不论，二四六分明"平仄原则诵读。

吟咏，品味形之美。反复吟咏，推敲诗句，品读画面美。"半亩方塘一鉴开，天光云影共徘徊"，把方塘比作镜子，"开"赋予了"半亩方塘"一种主动积极的色彩，仿佛方塘被打开了，池水清澈见底；"共"把天光云影的大千世界现身在半亩见方的小小池塘中的景象勾勒出来，形成了大小相随、小中聚大的奇观。世界万千事物仿佛都被收入这片方塘之中，"徘徊"二字体现白云悠闲的状态，呈现一个水面无痕、白云仿佛在慢慢地行走的画面。通过吟咏，展开想象。

补读，品味意之美。宋诗重理趣，在讽诵和吟咏的基础上补读，领略意之美。诵其诗应先知其人，关注作者及其写作背景，引导学生将"方塘"与"读书"、"活水"与"知识"联系起来，感悟读书就像这方池水，若想保持这样池水清澈的画面，只能源源不断注入活水方可，借水之清澈是因为有源头活水不断注入的道理，暗喻人要心灵澄明，就得认真读书，时时补充新知，因此人们常常用此来比喻不断学习新知识，才能达到新境界。

参考文献：

蔡绪隐.古诗教学："三读"品"三美"——以苏教版六上《观书有感》的教学为例 [J].江苏教育（小学教学），2018（01）：61-63.

嫦娥

[唐] 李商隐

云母屏风烛影深①，长河②渐落晓星③沉。
嫦娥应悔偷灵药，碧海青天夜夜心。

[释题]

咏嫦娥怜自己，写孤寂抒愁苦。此诗表面描写嫦娥在月宫中的孤寂生活，实际是抒发诗人既高远澄洁又孤独寂寞、既自赏又自伤、既追求向往又自怨自悔的复杂情绪。

[注释]

李商隐（811？—859？），字义山，号玉溪生，又号樊南生。原籍怀州河内（今河南沁阳），移居荥阳（今河南郑州），受"牛李党争"影响，潦倒终身。擅长律绝，与杜牧合称"小李杜"，咏史诗托古似讽，无题诗深情缅邈。
①云母屏风：以云母镶嵌装饰的屏风，多用于富贵人家的内室。
②长河：指银河。
③晓星：晨星或谓指启明星，清晨时出现在东方。

[释意]

孤寂落寞之况

清代姚培谦《李义山诗集笺注》云："此非咏嫦娥也。从来美人名士，最难持者末路，末二语警醒不少。"诗写独特的孤寂感，精微含蓄的语言体现着浓郁的感伤情调。

"嫦娥应悔偷灵药，碧海青天夜夜心"，直接抒写了她的懊悔与惆怅。嫦娥偷灵药最后成仙，得到之后又觉这不是初衷所要，悔不当初，可也只能独自一人苦度那漫漫的长夜。诗人借助这样的形象有意表达自己的诉求，诗人在晦暗污浊的现实中渴求摆脱世俗的纷扰而寻求高洁，某种程度上却使自己陷入了愈加孤独之境地，侧面反映了人生的深深无奈。纵观人的一生，当求而不得时有失落之际，反之也有新的困惑与思索，无论何如，当有遗憾，是谓缺憾美。

[释例]

"嫦娥"意象

——以王巍洁"嫦娥"意象解读为例

李商隐的诗中共有七首诗提到"嫦娥"，通过赏析嫦娥意象展开教学。

其一，是幽寂高洁的月宫仙子。原是后羿妻子，因偷吃西王母送给后羿的不死药而飞上月宫成为仙子。"嫦娥孤栖与谁邻？"（李白《把酒问月》），在孤寂的诗人眼中，孤居的嫦娥与自己的处境和心境十分相似，"应悔"一词既是揣度，也是一种同病相怜。

其二，月宫仙子隐喻着某种孤独孤寂的落寞情绪。按理，嫦娥偷吃灵药成仙以后，当是获得了梦寐以求的青春永驻与长生不老，这何其幸运，可诗人却从另一角度揣测其后悔之意，只因夜夜伴其的只有那碧海与青天，与自己那孤独无法排遣的忧愁寂寞情绪。诗人将自身的情感经验与忧愁的思绪倾注在嫦娥身上，使之染上了某种凄美的色彩，于是便有了广寒宫中这寂寞孤寂的嫦娥形象。

其三，或是哀怨多情的道家女冠。诗作通过孤寂苍凉的景致呈现以及人物的表达，抒写了其孤独寂寞与凄凉哀怨的情绪，或是怀念一位与自己有牵挂的女道。

孤栖无伴的嫦娥、寂处道观的女冠、清高孤独的诗人，虽仙凡相异、人情相隔，却灵犀暗通。

参考文献：

王巍洁.幽寂月宫落寞情——解读李商隐诗歌中的嫦娥意象[J].赤峰学院学报（汉文哲学社会科学版），2012，33（03）：159-161.

村居

[清] 高鼎

草长莺飞二月天，拂^①堤杨柳醉^②春烟。

儿童散学归来早，忙趁东风放纸鸢。

[释题]

该诗作于同治二年（1863）春，诗人正避乱宁波乡间以教书为生。该诗描绘宁波乡间的盎然春意和童真童趣，洋溢着浓厚的乡村生活情趣，渗透着诗人对美丽田园春色的赞美，以及对乡村儿童的喜爱之情。

[注释]

高鼎（1828—1880），字象一，又字拙吾，仁和（今浙江省杭州市）人，生平事迹不显于世，诗以描写自然景物见长。

①拂：拂拭，掠过。杨柳枝条长得垂下来，微微摆动，像是在抚摸堤岸。

②醉：动词，迷醉，陶醉。

③纸鸢（yuān）：泛指风筝，它是一种纸做的形状像老鹰的风筝。

[释意]

儿童"醉"春

农历二三月间，正是一年中最美丽的季节，万物欣欣向荣，遍地姹紫嫣红，而村野田间，尤能感受到这令人沉醉的春光之美。

前两句侧重写景，春景怡人。"草""莺""二月天""杨柳""春烟"乃是春的意象，诗人将其融会贯通，使农村春日的明媚景色完美呈现。其中，"拂""醉"二字运用拟人手法，将杨柳在春烟朦胧中的娇柔神韵形容尽致，好似连同诗人与读者也"醉"于其中。

后两句偏重绘人，儿童玩耍。笔锋转向画面中的人，末句"忙"字运用得十分精妙，使孩童贪玩的本性得以释放：趁着早春的日丽风和，连忙拿出心爱的风筝在春风中奔跑玩耍。全诗由物到人的抒写，将早春的明媚迷离渲染得淋漓尽致，物态与人事交相映衬，春意盎然。

[释例]

醉于春，近于童

《村居》全诗语言优美，用词洗练，用动静结合的表现手法，令人物、景物相互交织，彼此衬托，展现出一幅色彩缤纷、生机盎然的乡村春景图。

在教学过程中首先应引导学生走进春的意境中，再通过两个画面分别让学生体验醉于春和近于童的场景。

场景上，醉于春。为了让学生走进春的意境，可通过展示图片、播放视频等方式，然后向学生提问：大家心里的春天是怎么样的？让学生展开想象，自主地进入春天的场景。诵读必不可少，引导学生想象"拂堤杨柳醉春烟"场景，感受"醉"字的精妙，加深对春的感受。

心境上，近于童。春风骀荡，春色迷人，同学们此刻是否想在这春色中自由玩耍？直接让学生近身于春色中的儿童，感受儿童忙着玩耍、放风筝的心情。这样便使学生充分感受到诗的画面，更深刻地体会到诗人对春的赞美、对儿童的喜爱之情。

参考文献

杨祎. 高鼎《村居》鉴赏［J］. 小学语文，2018（Z1）：116-117.

宿新市徐公店①

[宋] 杨万里

篱落疏疏一径深，树头新绿未成阴②。
儿童急走追黄蝶③，飞入菜花无处寻。

[释题]

诗写乡村田园风光，选取篱落、菜花、儿童、黄蝶等意象，运用细节描写，刻画出乡村田园自然恬淡的早春风光。语言清新，形象鲜明，富有情趣。

[注释]

杨万里（1127—1206），字廷秀，号诚斋，吉水（现江西省吉安市）人。南宋"中兴四大诗人"之一，倡导"活法"作诗，创辟出一种新鲜活泼、透脱灵动的诗风，号为"诚斋体"。

①新市：地名，今浙江省德清县新市镇。
②阴：阴影，树阴，这个意义又写作"荫"。如"绿阴不减来时路"（曾几）、"绿杨阴里白沙堤"（白居易）和"小舟撑出柳阴来"（徐俯）。
③走：跑。

[释意]

取法自然而充满童趣

康震评价此诗说："取法自然，但又充满童趣，是宋诗中的典范之作。"

这首诗取材、取法十分自然。前两句写静景，背景为乡村风光。稀疏的篱笆，窄窄的小径，树枝上的花刚刚落下，新的绿叶未长出，未形成树荫，诗人用极其平淡手法描绘出一幅自然的乡间暮春图。后两句写动景，儿童追蝶图。视线转到"急走"的儿童，追逐着一只黄蝶，一忽儿，黄蝶飞入了油菜花丛中，与黄色的油菜花融为一体，不再可寻，捕捉了乡间儿童在油菜花丛中追蝶的动态画面。

"飞入菜花无处寻"，诗意戛然而止，却不禁耐人寻味，想象着后续孩童寻不到黄蝶后的情景，顿感其中童趣。"走""追""寻"三动词运用十分贴切，将儿童们的天真活泼和好奇的心理状态刻画得活灵活现，读时亦充满童趣。纵观全诗，所截取的景物平淡自然，但其中动静结合、景与人的相互映衬的写法，依然将乡间恬淡清新的暮春时光刻写得淋漓尽致。

[释例]

创设情境，享受乡间春意

—— 以陈峰《宿新市徐公店》教学设计为例

陈峰老师言及了想象与创设情境的重要性，创设情境，给学生以美的享受，主要在"四美"。

用"美"的语言，激发学生兴趣。类比《游园不值》和《咏柳》，都是描写春天景致，但《宿新市徐公店》构思精巧，生活情趣盎然。

用"美"的散文，沟通学生思路。将《游园不值》诗歌改写为散文《一枝红杏出墙来》，以此为蓝本，改写诗歌成散文，文字优美。

用"美"的画面，帮助学生想象。出示挂图，分析画面，品鉴景物。

用"美"的旋律，唤起学生灵感。在呈现儿童捕蝶的场面时，配上一段表现这个场面的音乐，配合优美的旋律以及动情的讲解，唤起学生们的热情与兴趣。让学生沉浸在春意昂扬、奔走乡间的情境之中，也同样感受孩童们的天真的欢乐与好奇。由此，使学生感同身受，生动地描绘出儿童捕蝶的场面，课堂的学习氛围将更富于活力。

参考文献：

陈峰. 创设情景，给学生以美的享受——谈《宿新市徐公店》的教学[J]. 小学教学研究，1987（01）：1.

池上

[唐] 白居易

小娃撑小艇①，偷采白莲回。
不解②藏踪迹③，浮萍一道开。

[释题]

该诗作于大和九年（835），诗人时任太子少傅分司东都洛阳。一日游于池边，见山僧下棋、小娃撑船而作诗组，此为其一，便得此名。诗描写了小娃偷采莲的画面，展现了儿童的天真活泼与淘气可爱。

[注释]

白居易（772—846），字乐天，原籍太原，后迁居下邽（今陕西渭南）。晚年闲居洛阳，与香山寺僧人来往，号香山居士，又号醉吟先生。新乐府运动的倡导者，主张"文章合为时而著，歌诗合为事而作"。

①艇：船。
②解：懂得，知道。如"解落三秋月，能开二月花""童孙未解供耕织"。
③踪迹：指被小艇划开的浮萍留下的痕迹。

[释意]

采莲之趣

小娃采莲，本是夏日常事，诗人用笔墨勾勒小娃偷采莲情形，形象生动，跃然纸上，趣味昂扬。

叙写小娃偷偷采莲一事，趣味盎然。诗人准确地捕捉到了娃娃一瞬间的心情，勾勒出一幅富有情趣的采莲图。一开始小娃娃瞒着大人悄悄地去划船采莲，后来采到莲非常开心，接着就兴奋地划着小船大摇大摆地回家了，湖里也留下其小船划过的痕迹。从小娃娃划船进入画面，到他离去只留下被状态划开的一片浮萍，这抒写中有景有色，行动与心理的刻写都极为细致有趣，将小娃娃的天真活泼与淘气可爱刻画得惟妙惟肖。

[释例]

探寻"童心童趣童真"

——以骆贤华教学设计为例

骆贤华老师尊重学生的阅读体验，将"读""说""思"结合起来，巧设情境，在情境中探寻"童心童真童趣"。

其一为"巧导入，谈感受，唤起童心"。借生活的场景唤起学生童年的记忆，回忆童年趣事，以此来感受这份天真烂漫的童心，这在某种程度上可以激发其学习的兴趣，也为后续的学习与解读奠定基础。

其二为"品字词，想画面，体悟童趣"。品诗当然需要重点品诗眼，而"偷"可谓是本诗诗眼所在，一个"偷"字将儿童那天真活泼、可爱伶俐的形象描绘得栩栩如生，也让诗歌充满了趣味与童真。在教学过程中，当引导学生紧扣这个诗眼去想象与理解，也使得课堂的学习氛围更富于活力。

其三为"猜诗人，悟诗情，领会童真"。以"藏"字贯穿始终，先让学生猜测诗人，知人论世，从中领悟诗人的思想情感，再配乐诵读，让学生在音乐中熟读成诵，融入情感，升华情感，从而感悟古诗之美，体验古诗学习的无限乐趣。

参考文献：

骆贤华．入情入境以探寻"童心童趣童真"——《池上》教学片段及思考［J］．新课程导学，2018（34）：26.

小儿垂钓

[唐] 胡令能

蓬头①稚子学垂纶②，侧坐莓苔③草映身④。
路人借问遥招手，怕得鱼惊不应人。

[释题]

诗写一个稚气未脱的小孩在水边钓鱼的情景，形神兼备，意趣盎然。

[注释]

胡令能，唐代贞元、元和时期诗人，隐居圃田（今河南中牟）。少以修补锅碗盆缸为生，人称"胡钉铰"。诗语浅俗，却颇具巧思。

①蓬头：这里指幼年儿童头发蓬乱。
②垂纶：垂线钓鱼。纶，钓鱼用的丝线。
③莓苔：青苔，一般指长在阴暗潮湿地方的矮小植物，在此泛指草丛。
④草映身：身子在草丛掩映之中。

[释意]

稚子垂纶

此诗描绘了一个头发蓬乱的乡村稚子在河边钓鱼的场景。

垂纶事态。"蓬头"一词可见乡村孩童那头发蓬乱的可爱模样，小儿无赖；"侧坐"写稚子侧着身坐于草丛间，"草映身"写杂乱的野草也遮掩了他的身影，可见其认真专心致志地专注于垂钓之事；"莓苔"则点出了这小孩选择的钓鱼地方是光线晦暗、有青苔野草的所在之地。垂纶心态。一、二句侧重于写形，三、四句有其精妙之处，路人见其欲问路，可孩童却"遥招手"示意路人，他生怕这嘈杂之声将鱼儿惊扰，诗作到此处便戛然而止。整首诗充满了童趣，描写孩童之神态形态也真实且自然，将一个天真而聪明的孩童形象刻画得栩栩如生。

小儿垂钓，细节传神，妙趣横生。"蓬头"为其野态，"侧坐"为其野姿，"遥招手"为其神态，"怕得鱼惊"为其心态，前二句绘其形，后二句传其神，小儿全神贯注盼鱼儿上钩的心情与神情栩栩如生，认真与天真俱在，童心与童趣盎然。

[释例]

创情境，演情景，促理解

——以高佩玲谈"多种教法趣读古诗"为例

在兴趣盎然的表演中，孩童们可以感受诗之意境，领会诗之主旨。课堂上，教师可以创造情境让学生们积极参演，通过这样的情境教学法让学生来感受诗的意境。

创设双人演绎的情境，让学生们扮演路人与小孩的角色，让其充分展现自我的个性。在诗歌中，孩童侧身坐、专心于垂钓之事、为免惊扰鱼儿挥手示意路人，这些都可以相应程度地还原，通过人物形象的再塑造让学生们感受诗歌的情境与孩童的天真稚气。

纵观全诗，童趣盎然，诗人以自然轻松的笔调描写孩童的神态与动作，在学生演绎的时候，也可以让其在一个较为轻松自然的氛围与环境里去塑造人物，如此，更利于学生对诗的主旨与意境的领悟。

参考文献：

高佩玲. 多种教法 趣学古诗——例谈《小儿垂钓》一课的教学 [J]．科学大众（科学教育），2016（01）：67.

所见

［清］袁枚

牧童骑黄牛，歌声振林樾①。
意欲捕鸣蝉②，忽然闭口立③。

［释题］

诗写偶然所见，纯然天真快乐。牧童骑牛唱歌，忽听蝉叫后停住歌声欲捕蝉，短短二十字，刻画了农村牧童自在活泼的神态和热爱自然的朴素情感。

［注释］

袁枚（1716—1797），字子才，号简斋，晚年自号仓山居士、随园老人，钱塘（今浙江杭州）人。作诗主张抒写性情，开创"性灵说"。
①樾（yuè）：两木交聚而成的树荫，亦指道旁成荫的树。
②欲：想要。
③闭口：闭上嘴巴，不发出声音的意思。

［释意］

牧童欲捕蝉

首二句将小牧童的天真与活泼、悠然自在的模样勾勒而出，一个"骑"可见其坐姿，而"振"之高昂又间接地表明了他愉悦的心情。第三句写了牧童的心理活动，将小牧童的悠闲欢悦、自由自在的心情也和盘托出，也是其"闭口立"之因，乃全诗的转折之处。最后一句快速急转而下，瞬时戛然而止，由"忽然"可见，牧童发现那树上蝉鸣的惊喜之情溢于言表。纵观全诗，诗歌描绘的田园自然风光是平和而宁静的，所着重刻画的牧童形象也是十分天真烂漫、活泼可爱的。

诗中先写牧童之动，高坐牛背、大声唱歌，气派何等散淡；后写牧童之静，屏住呼吸、眼盯鸣蝉，神情多么专注！由动到静，写得既突然又自然，把小牧童天真烂漫、好动多事的形象刻画得活灵活现。

[释例]

演绎童真童趣

《所见》是一首表现童趣和充满生机的古诗，教学时，教师可让学生扮演诗人、诗中所描绘的人与物等，不仅能够帮助学生理解诗意，融入意境，还能体会诗人情感。

首先，教师范读。同时，引导学生体会诗歌的节奏，对诗歌有初步认识。然后，学生自由读。教师指导学生读出牧童放声歌唱时自由、悠然、闲适的心情。接着，师生演读。一方面，教师扮演诗人袁枚，按诗人所见所闻的顺序提炼出黄牛、牧童、鸣蝉、林樾等意象，引导学生解说诗文。另一方面，让学生找出诗中动词"骑、振、捕、闭"，理解诗中牧童动作表现的细节变化，进行演绎，要演出牧童小心翼翼、天真无邪的样子。

通过表演，学生可掌握牧童的动作和思想变化，再次诵读诗歌时就能在语调和节奏中表现出牧童捕蝉时的神态变化，感受到牧童的童真和快乐，理解诗人对田园风光的喜爱之情。

参考文献：

沈洁．优化小学低年级古诗词诵读教学的策略［J］．中小学课堂教学研究，2020（02）：37-40，53.

夜书所见

［宋］叶绍翁

萧萧^①梧叶送寒声，江上秋风动客情^②。
知有儿童挑^③促织^④，夜深篱落一灯明^⑤。

[释题]

客居异乡，静夜感秋，抒发了羁旅之愁和深挚的思乡之情。

[注释]

叶绍翁（1194—1269），字嗣宗，号靖逸，处州龙泉（今属浙江）人，南宋中期诗人。诗属江湖诗派。诗作语言清新，意境高远。

①萧萧：象声词，常形容马叫声、风雨声、流水声、草木摇落声和乐器声等，此作草木摇落声理解，如"日暮秋风起，萧萧枫树林""衙斋卧听萧萧竹，疑是民间疾苦声"。

②客情：旅客思乡之情。

③挑（tiǎo）：本义是拨，拨动，引申为用条状的或尖的东西挑出来，这里指用蟋蟀草去拨弄蟋蟀的动作。

④促织：俗称蟋蟀或蛐蛐。

⑤篱落：篱笆。如："篱落疏疏一径深，树头新绿未成阴"。

[释意]

意象应情

首句以"萧萧"一叠字象声词，唤起读者听觉形象的联想，形成秋气萧森之感，用声音反衬出秋夜的寂静。接着用一"送"字，静中显动，引出"寒声"，在梧叶摇落的萧萧声中，仿佛含有砭骨的寒气；以听觉引起触觉的通感之法渲染了环境的凄清幽冷。遂点出"秋风"，诗人耳闻秋风之声，牵动了旅中情思，也怅然欲归。这两句用"梧叶""寒声"和"江上秋风"写出了秋意的清冷，再以"动"字揭出"客情"，情景凑泊，自然贴切，弥见羁愁之深。

三、四两句是倒装句，按意思顺序，应该前后互移。那茫茫的夜色中，闪现在篱落间的灯火，不正是"儿童挑促织"吗？这种无忧无虑、活泼天真的举动，与诗人的凄然情伤、低回不已，形成鲜明的对比；写出了儿童提灯绕篱寻蟋蟀的有趣玩耍，似归故里，犹回童年。"挑"字于细节逼真见妙趣，儿童的专注敏感、精挑细翻与屏息观察、惊喜兴奋，全在一"挑"，"挑"出了性格，"挑"出了神韵，让客居他乡的游子油然而生充满意趣的儿时趣事。

[释例]

"寒""明"间转换的情感

"寒"表羁情。诗人站在江边，就在梧叶萧萧落下的时候，想到自己独身一人客居在他乡，这时诗人心情是怎么样的？从首句中有一个富有感情基调的字，让你看到这个字内心会有感触？引导学生体会诗人情感，奠定诗中的感情基调，并从"寒"字寻找线索分析诗人，是由于天气季节的客观原因，还是诗人内心感到"寒"。从梧桐落叶的真实情境联想到自身也如落叶一般漂泊在外，引发的悲愤客旅情绪，此情此景，让诗人本就愁绪离索的感情更深一层。

"明"显乡思。从儿童在捉促织，想到自己童年快乐时光，也曾在家乡度过这美好的时光，篱落灯"明"是心情的转折。诗人没有一直延续自己在悲凉的情绪中翻转，而是在下句形成转折，"明"字不仅是客观意象的灯明，亦是体现诗人内心情感的字意。学生体味出诗人的笔触和特定景致的经历，并对诗人内心历程进行感悟，使学生深刻理解主题。

参考文献：

简晓文. 解读古诗词中蕴藏的文化秘密——以《夜书所见》教学为例[J]. 课程教育研究，2018（11）：59-60.

稚子弄冰

[宋] 杨万里

稚子金盆脱晓冰①，彩丝穿取当银钲②。
敲成玉磬穿林响③，忽作玻璃碎地声④。

[释题]

诗属童趣，稚子弄冰。以小孩幼稚嗜玩的心态入手，描写了孩子剜冰、穿冰、敲冰等情景，调皮可爱而又诗意盎然。

[注释]

杨万里（1127—1206），字廷秀，号诚斋，吉水（现江西省吉安市）人。南宋"中兴四大诗人"之一，倡导"活法"作诗，创辟出一种新鲜活泼、透脱灵动的诗风，号为"诚斋体"。

①脱晓冰：在这里指儿童晨起，从结成坚冰的铜盆里剜冰。

②钲（zhēng）：古乐器，圆形似锣。

③磬（qìng）：古代一种石制敲击乐器，形似曲尺。

④玻璃：古名水玉，与水精同名，其莹如水，其坚如玉。

[释意]

以稚为老

全诗形色兼具以感目动情，声意俱美以悦耳赏心，绘声绘色地表现出儿童以冰为钲、自得其乐的盎然意趣。

形状上，以圆形为主，"金盆"脱出"银钲"；色泽上，"金"盆"彩"丝串"银"冰；声音上，"玉磬穿林"之高亢忽转"玻璃碎地"之清脆；心态上，寒天"弄冰"，童心炽热。

孩童与老者某些心理特征有相似之处，诗眼"稚"字，突出的正是这份稚气与天真，使得他们忘却寒冷之严冬，欢快地戏耍。诗人由"以稚为老"之手法将这天真烂漫的童趣转化为诗趣，将儿童之天真与老者的天真相映成趣，字里行间，散发了如此的盎然诗意。

[释例]

品读稚嫩，体味童趣

教学应抓住"童趣"这一特点，品读稚子的稚嫩之举和童真之趣。

品读弄冰之形状。冰被玩弄，形态变化。完整一块，圆。"盆"，圆形，从盆取出圆样可观；"钲"，似锣，拿起冰想敲出声音。敲成几块，大块为"磬"，弯形，似曲尺，音脆；小块成"玻璃"，珠状或颗粒，哗啦散地一片。

品读弄冰之色彩。玩弄得趣，色彩逼人。"金盆"，铜制盥洗盆，黄色灿灿；"银钲""玉磬"，银玉之色，白色亮亮；"彩线"拎冰，纯然孩童心态，煞是好看，可提溜着四处炫耀。以冰块作为银钲，且将之作为乐器来使用，使之奏出清脆悦耳的声响，这些都展现了孩童的想象力。

品读弄冰之动作。玩弄冰块，动作娴熟。"脱""穿""敲"，剜冰、穿冰、敲冰一气呵成，绝非第一次玩耍，足见孩童日常生活的乐趣，也可感孩童之调皮和玩耍天性。

（二）友情送别诗

渴望真挚的友情，其实是人类共有的一种情感追求。真诚的友谊，是人生旅程中的一座温暖驿站，能给人以温暖和快乐，能给人以勇气和力量。友谊地久天长，然离别南浦长亭，遂留下了许多表达友情、描写送别的诗作。友情送别诗共 8 首，其中《过故人庄》等 3 首表达友情之深，《芙蓉楼送辛渐》等 5 首抒发送别之真。

人类友情诗，表达一种在空间上不分地域、普遍存在的感情，而且在时间上不分古今、持久高尚的感情。"高山流水遇知音"，友谊至真；"结友莫羞贫，羞贫交不成"，友情真挚。友情诗，是弘扬崇尚友道、珍惜友情的优良传统。"悲莫悲兮生别离，乐莫乐兮新相知"（屈原），"送君南浦，伤如之何"（江淹），送别间情真意切，依依不舍。送别诗，是抒发离别之情的传统诗歌，体现着依依不舍之情或表达着情深意长的安慰之情。

过故人庄

[唐] 孟浩然

故人具^①鸡黍^②，邀我至田家。

绿树村边合，青山郭外斜。

开轩^③面场圃^④，把酒话桑麻。

待到重阳日，还来就菊花^⑤。

[释题]

访友之真，心诚意淳。诗人隐居鹿门山，叙写到朋友家做客这件事，欣赏着美丽的田园风光，抒发了对朋友之间真挚友情的赞颂。

[注释]

孟浩然（689—740），以字行，襄阳（今湖北襄阳）人，盛唐山水田园诗派代表诗人，与王维并称"王孟"。其诗多写田园风光，语言质朴。

①具：准备，备办。

②鸡黍：指鸡黍之交。典出《后汉书·独行列传》范式和张劭的事迹，以相交守信而闻名。

③轩：窗户。如"小轩窗，正梳妆"。

④场（chǎng）：禾场，打谷场。也写作"場（yì）"，田埂。

⑤还（huán）：返回。如李白《蜀道难》："问君西游何时还。"

[释意]

读"就"字，感情谊

杨慎《升庵诗话》："孟集有'待到重阳日，还来就菊花'之句，刻本脱一'就'字，有拟补者，或作'醉'，或作'赏'，或作'泛'，或作'对'，皆不同，后得善本是'就'字，乃知其妙。""就"乃诗情，显友情之真挚与深厚，老友相邀和诗人相诺：一定再来。

《升庵诗话》于"就"字的拟补，可无论是哪一个字都不及"就"字，既可道明事件，又能辅助诗情，可谓合理而妙哉。"就"字的理解，或是"赏"或是"醉"，既能道明重阳节再来与友人共赏菊花品菊花酒，又能自然地流露出对这个村庄和故人的依依不舍。整首诗句子平衡均匀，共同构成一个完整的意境，把恬静秀美的农村风光和淳朴诚挚的情谊融成一片，诚是"语淡而味终不薄"（沈德潜），在平常的农家生活间，体验平静与自然，感受老朋友的真挚与深厚。

[释例]

"就菊花"别解

——以吴汉江《过故人庄》教学设计为例

《过故人庄》这首古诗解读，主要从"就菊花"的理解展开教学。

首先，从"过"字揭示诗题。访友将返，却以"就菊花"相邀，许诺明年再来。

其次，理解"就"字含义。在通行的解释里，"就"理解为"靠近与接近"，意义太平淡难显情感深挚，"就菊花"之"就"，亦可是"赏"，欣赏菊花之美，亦可是"醉"，畅饮菊花酒，品尝菊花酒之醇厚，"就"非无目的之到来，而是有吸引之诱惑。故，"待到重阳日，还来就菊花"，相邀有理和来访有由，既可一边观赏菊花美景，又可一边尽情地畅饮菊花美酒。

最后，分析"就菊花"的诚意所由。诗前三联写明了"就菊花"的缘由，从"邀"到"至"，到"望"到"话"，又到"约"（"邀"），"就菊花"成了一个绕不开的话题和邀约的主题，访友的最终目的好似："待到重阳日，还来就菊花"，一径写去，自然流畅。语言朴实无华，意境清新隽永。

参考文献：

吴汉江. 语义双关，意犹未尽——《过故人庄》中"就菊花"别解 [J].
语文建设，2007（12）：44-45.

赠汪伦

［唐］李白

李白乘舟将欲行，忽闻岸上踏歌声①。
桃花潭水深千尺②，不及汪伦送我情。

［释题］

交友之深，深情似水。这是一首别开生面的赠别诗。诗人以夸张浪漫的描写，表达对友人汪伦的深厚情感。

［注释］

李白（701—762），字太白，号青莲居士，唐朝浪漫主义诗人，被誉为"诗仙"，诗风豪放飘逸。写景绝句清新自然。

①踏歌：唐代较流行的民间歌舞形式，一边唱歌，一边用脚踏地打拍子，可以边走边唱。

②桃花潭：在今安徽泾县西南一百里。

［释意］

可测量之情——千尺情

清代沈德潜《唐诗别裁》评价此诗后两句说："若说汪伦之情比于潭水千尺，便是凡语。妙境只在一转换间。"以比物手法形象地表达了真挚纯洁的深情。

"桃花潭水深千尺，不及汪伦送我情"，其妙在于"不及"二字将两件不相干的事物联系在一起，有了"深千尺"的桃花潭水作参照物，就把无形的情谊化为有形，既形象生动，又耐人寻味。"忽闻"二字表明汪伦的到来是不期而至的，人未至而声先至，足以表达汪伦的热忱。"深千尺"，一是说明潭水之深，触动了诗人离别的情怀；二是为其所言之"不及汪伦送我情"埋下伏笔，以比物手法表达真情。潭水已"深千尺"，而"不及"二字，变无形的情谊为生动的形象，自然情真，耐人寻味。放船离别的地点是桃花潭，也使得"桃花潭水"成为后世人们在抒写离别之时的常用词语。

[释例]

送出一份独特，别出一份深情
—— 以陈志红《赠汪伦》教学为例

送别方式独特，送别情感深挚。

独特的"相识故事"，感受豪情。设问："一位是伟大的诗人，一个却是名不见经传的农民，他们是怎么认识，又怎么会成为好朋友的呢？"引发学生兴趣，感受李白和汪伦的豪爽性情，也为全诗奠下了激越的气氛。

独特的"踏歌相送"，表露真情。理解"踏歌"送别方式，学生通过描述、朗读、表演，将自己置身于那离别的氛围之中，李白和汪伦的真情就在学生的亲身体验中得到了升华。

独特的"追来送别"，难掩深情。讨论：汪伦来送，李白事先知道不？续问：汪伦为什么还要"追"着来送别呢？在讨论和追问中，感受汪伦追来送李白是他们真情的又一次流露。

独特的"深"来喻情，升华别情。"桃花潭水深千尺，不及汪伦送我情"，一个独特的"深千尺"，预示了这份真挚而深刻的情意，而"不及"将这别离之情再次升华，情深似水，更比这桃花潭的水深。

参考文献：

陈志红.送出一份独特，别出一份深情——《赠汪伦》教学过程及反思[J].新课程研究（基础教育），2006（10）：41-42.

赠刘景文

[宋] 苏轼

荷尽^①已无擎^②雨盖，菊残犹有傲霜枝^③。
一年好景君须记^④，最是橙黄橘绿时。

[释题]

勉励友人，比德以赠。诗作于元祐五年（1090）苏轼知杭州时。赠诗勉励好友刘景文，融写景、咏物、赞人于一体，借物喻人，点赞人品。

[注释]

苏轼（1037—1101），字子瞻，号东坡居士，眉山（今四川省眉山市）人。北宋著名文学家、书法家、画家，为"唐宋八大家"之一。

刘季孙，字景文，北宋开封祥符（今河南开封）人，时任两浙兵马都监，驻杭州。苏轼与他诗酒交往，交谊颇深。

①荷尽：荷花枯萎，残败凋谢。

②擎：举。

③犹：副词，还，仍然。如"记忆犹新"。

④君：对对方的尊称，相当于"您"。

[释意]

"残尽"之意

《唐宋诗醇》曰："浅语遥情。"浅语，即普通平常的自然景致描绘；遥情，却有高远之意，是对好友的无尽勉励和赞赏。

浅语遥情，耐人寻味。虽写"残尽"之景，难有萧条之意，却是生机盎然之趣和高标傲世之格。从"荷尽""菊残"跳跃至"橙黄""橘绿"，看似无理，实则含趣。"擎雨盖"与"傲霜枝"，可谓曲笔传神，将傲立之态尽显无余，"已无"与"犹有"形成强烈的两相对比，重点突出了菊花傲视风霜、与寒气斗争的形象，融写景、咏物、赞人于一体。借物喻人，赞颂刘景文的品格和节操，诗人以朴实无华的语言借此来勉励朋友需珍惜这大好的年华时光，要保持乐观积极、努力向上，切莫庸庸碌碌、消沉无为。

借物喻人，比德赠友。杨万里《晓出净慈寺送林子方》："接天莲叶无穷碧，映日荷花别样红"，如此美景怎舍离开，挽留林子方之意含蓄；韩愈《早春呈水部张十八员外》："最是一年春好处，绝胜烟柳满皇都"，以春好处早春之景来赞誉张籍诗风清新；"一年好景君须记，最是橙黄橘绿时"，是苏轼对老友人格的赞赏和生活的勉励。

[释例]

橙黄橘绿的人格魅力

诗歌经典与精彩，与其丰富的意象、深远的意境和厚重的情蕴等分不开，赠诗以橙黄橘绿的诗意来称颂老友旷达的胸襟，点赞其人格魅力。

品意象，捕捉灵动之"意"。意象主要有"荷""菊"和"橙橘"，每一个意象的出现都凝聚着诗人"匠心"。诗人之意正是借助"犹有傲霜枝"之"残菊"传达出来的，颇有和朋友共勉之意。

构意境，渐入幽深之"境"。将橙、橘并重，借助"橘"文化内涵表达更为丰富的内蕴，以实见之"荷""菊"来引入想象之"橙橘"，赞颂橘之"独立不迁、秉德无私"，意境悠远。于"菊""橙橘"意境的营造，亦暗含着对刘景文品格与节操的称颂之意。

悟意蕴，生发无穷之"韵"。言有尽而意无穷，君须记"正是橙黄橘绿时"，又暗含着诗人希望刘景文能够不负时光，保持高洁的情操，以努力姿态去实现人生之"橙黄橘绿"。

参考文献：

李小倩.品意象，构意境，悟意蕴——《赠刘景文》教学与思考［J］.语文天地，2019（21）：5-6.

芙蓉楼①送辛渐②

［唐］ 王昌龄

寒雨连江夜入吴③，平明送客楚山孤④。

洛阳亲友如相问，一片冰心在玉壶⑤。

［释题］

诗为登楼饯别之作，是作者被贬为江宁县丞时所写。构思新颖，淡写朋友的离情别绪，重写自己的高风亮节。全诗即景生情，寓情于景，含蓄蕴藉，韵味无穷。

［注释］

王昌龄（690—756），字少伯，京兆万年（今陕西西安）人。擅长七绝，有"七绝圣手"之称，多边塞军旅、宫怨闺情之作，诗风清刚俊爽，深厚婉丽。

①芙蓉楼：原名西北楼，遗址在润州（今江苏省镇江市）西北。

②辛渐：诗人之友，生平不详，与诗人同行至镇江分手，诗人写两首诗送辛渐，此为第一首。

③寒雨：指秋雨。

④平明：黎明。

⑤冰心：像冰一般晶莹的心，化用鲍照《白头吟》"清如玉壶冰"，喻高洁清白的品格。

［释意］

清白高洁之美

黄生《唐诗摘钞》评此诗云："古诗'清如玉壶冰'，此自喻其志行之洁，却将古句运用得妙。""一片冰心在玉壶"的表白，更显示着诗人的清白高洁之美。

137

"一片冰心在玉壶",自明操守,清白高洁之美。"冰心",清白之誉,《宋书》载:"冰心与贪流争激,霜情与晚节弥茂",这是赞誉良吏陆徽"清平无私"的话,王昌龄取用"冰心"二字,以示与其志同。"玉壶",高洁之谓。"玉壶"二字见于鲍照《白头吟》:"直如朱丝绳,清如玉壶冰","玉壶"是高洁的象征。王昌龄此诗句不仅包蕴了"冰心""玉壶"等语意,而且深情而含蓄地表达了自己的品格和德行。

"洛阳亲友如相问,一片冰心在玉壶",虽说是平常之问候,可在诗人的笔下,却有了不一般的回响。诗人以晶莹透明的冰心玉壶自喻,正是基于他与洛阳诗友亲朋之间的真正了解和信任,这绝不是洗刷谤名的表白,而是蔑视谤议的自誉。因此诗人从清澈无瑕、澄空见底的玉壶中捧出一颗晶亮纯洁的冰心以告慰友人,这就比任何相思的言辞都更能表达他对洛阳亲友的深情。

[释例]

用"美"报告平安

这首写送别朋友题材的诗歌,主题却是给亲友报告平安。"一片冰心在玉壶"的美妙自喻,既宽慰了亲友的担忧,也表白了自己的情操,以优美的诗意回答了"平安无事"的挂念。

这首诗的独特之处在于:诗虽写离别之事,却没有过多离别情绪的渲染,而是饱含了一种寄寓之意。首先,美化主题。确立诗歌的情绪类型,送别之情无非鼓励、安慰以及嘱托等,诗人荡开一切,送友以自慰,慰藉实高妙。其次,美化景致。"寒雨连江夜入吴","寒雨"显环境冷清,"夜"感凄清更甚;"平明送客楚山孤","客"字一方面表示送别之行,另一方面展示寂寞之情,送客之人已成为孤旅之客,"孤"字更是显示这一重关系。最后,美化情致。"洛阳亲友如相问,一片冰心在玉壶",是作者真正寓意,诗不仅表达自己怀才不遇,也言明自身清白高洁,也让挂念他的亲友悬置下那担忧的心情,也获得了别样的美的感受。

参考文献:

曾晓渊.用"美"报告平安——读王昌龄《芙蓉楼送辛渐》[J].语文学习,2006(10):44-45.

黄鹤楼送孟浩然之广陵①

［唐］李白

故人西辞黄鹤楼②，烟花三月下扬州③。
孤帆远影碧空尽，唯见长江天际流。

［释题］

惜别之作，飘逸而灵动。诗写李白送别孟浩然去扬州，流露着深厚的忘年交情。

［注释］

李白（701—762），字太白，号青莲居士，唐朝浪漫主义诗人，被誉为"诗仙"，诗风豪放飘逸。写景绝句清新自然。

①之：动词，到……去。

②辞：辞别。

③烟花：形容柳絮如烟、鲜花似锦的春天景物，指暮春浓丽景物。

［释意］

一幅明丽风流的送别图

唐汝询《唐诗解》："'黄鹤'分别之地，'扬州'所往之乡，'烟花'叙别之景，'三月'纪别之时。帆影尽，则目力已极；江水长，则离思无涯。怅望之情，俱在言外。"诗向我们展示了一幅明丽风流的送别图。

一首送别诗，可谓意境开阔、明丽风流。送别的时间、地点以及景致与情致，皆意韵深远，富有诗意。一是送别地点：黄鹤楼。天下名楼，虽是流连聚会之所，也是历来送别场地，演绎着不尽的人生离别。二是送别时间：三月。春光灿烂，游玩甚当时。三是去往之地：扬州。"腰缠十万贯，骑鹤下扬州"，扬州为神往之地。四是送别的景致。一者繁华，"烟花三月"，繁华的

139

时节去往繁华的都市，令人神往；一者孤寂，"孤帆远影"，朋友已别，伫立楼头，令人唏嘘。五是送别的情致。依依不舍情韵与滔滔不绝江水似乎有着某种关联，却也能代表着诗人的心境：一者在心潮之激荡，如浩浩东去的一江春水，一者在朋友之深情，若绵绵悠长的一江春水。寓情于景，景中有情，情景交融，意蕴深远。

[释例]

步入"言意共生"佳境

古诗教学要步入"言意共生"的佳境，引导学生解读语言的"意味"，感悟文本流露的情感，探索"言意共生"的途径，实现工具性和人文性的统一。

定位：探寻言意共生的关键。理解诗歌关键是词眼，既要理解诗歌内容，也要关注文字本身，如"孤""远""尽""流"等，从四个层次抒发了浓浓的离愁别绪。

语言：实现言意共生的抓手。要能把握主题情感，抓关键词眼让学生来体悟诗歌。一是聚焦表达，引领提升。由"言"索"意"，通过情景还原，加深对"意"的理解。二是合理想象，加深体悟。由"意"品"言"，通过品读，形象感知离别的场景与情韵。

诵读：把握言意共生的方法。以多种方式诵读诗歌，读出诗歌韵味，读出惜惜相别的情感，读出绵绵悠远的蕴涵。

运用：拓宽言意共生的佳径。赏读"送别"类诗，体会"送别"主题。

参考文献：

尹芳芳. 古诗词教学要步入"言意共生"的佳境——以《黄鹤楼送孟浩然之广陵》教学为例 [J]. 全国优秀作文选（写作与阅读教学研究），2020（05）：62-65，73.

送元二^①使安西^②

［唐］王维

渭城^③朝雨浥^④轻尘，客舍青青柳色新。

劝君更尽一杯酒，西出阳关^⑤无故人。

［释题］

灞桥送别，最普遍性的离别，却成为最经典的传唱。此诗题亦名《渭城曲》，是王维送朋友去西北边疆时所作。

［注释］

王维（701—761），字摩诘，原籍祁（今属山西），其父迁居蒲州（今山西永济），遂为河东人。盛唐山水田园诗派的代表作家，与孟浩然并称为"王孟"，诗风空灵，亦被誉为"诗佛"。诗作画面鲜明，意境浑融，观察细微，刻画传神，被赞为"诗中有画"（苏轼）。

①元二：作者的友人元常，在兄弟中排行老二，故名"元二"。

②安西：指唐代安西都护府，在今新疆维吾尔自治区库车县附近。

③渭城："秦时咸阳城，汉代改称渭城。"（《汉书·地理志》）唐时属京兆府辖区，在今西安市西北，渭水北岸。

④浥（yì）：湿润。

⑤阳关：汉朝设置的边关名，故址在今甘肃省敦煌市西南，古代跟玉门关同是出塞必经的关口。据《元和郡县志》记载，阳关因在玉门之南，故称阳关。

［释意］

情深谊长一杯酒

周华健歌曲《朋友》："朋友一生一起走，那些日子不再有。一句话一辈子，一生情一杯酒。"可谓朋友之情尽在一杯酒中，情深谊长。美酒是古代送别诗主要意象之一，一杯酒，慰朋友。

一杯酒，李白豪迈。"兰陵美酒郁金香，玉碗盛来琥珀光"，与友畅饮，一杯不过瘾，拿碗来喝，不醉不归，醉倒之处即故乡。

一杯酒，杜甫热心。"盘飧市远无兼味，樽酒家贫只旧醅"，盛情待客，诚意敬酒，因客到来的欣喜之情热烈而奔放。

一杯酒，白居易诚意。"绿蚁新醅酒，红泥小火炉"，邀友对饮，溢满真情，让人身心俱醉。

一杯酒，晏殊闲雅。"一曲新词酒一杯，去年天气旧亭台"，对酒听歌，与友相聚，生活快意。

一杯酒，黄庭坚感伤。"桃李春风一杯酒，江湖夜雨十年灯"，生活有"一杯酒"的酣畅，更多的是"十年灯"的孤苦。

一杯酒，王维深情。"劝君更尽一杯酒，西出阳关无故人"，既道了离别，又包含着体贴，更显示着友情的深情厚谊。不忍依依惜别，只能深深祝福，故而落落痛饮。

[释例]

古人的送别方式

古人送别的习惯，已成为一种情感文化，于《渭城曲》中至少可以体验到三种：

一是吟诗送别。有感而发，赋诗以志。

二是折柳送别。"柳"与"留"协音，依依不舍之情可见。

三是饮酒送别。无论水边饯别、长亭饯别、路上饯别，还是酒楼饯别，都需饮酒以宽慰。

还有踏歌送别，如李白《赠汪伦》："李白乘舟将欲行，忽闻岸上踏歌声。"

参考文献：

赵志祥. 《送元二使安西》课堂实录 [J]. 语文知识，2017（10）：17-22.

别董大^①

［唐］高适

千里黄云白日曛^②，北风吹雁雪纷纷。
莫愁前路无知己，天下谁人不识君。

[释题]

这是一首豪放健美的赠别诗。诗作既表露出诗人对友人远行的依依惜别之情，也展现出诗人豪迈豁达的胸襟。

[注释]

高适（700？—765），字达夫，渤海蓨县（今河北景县）人。早年仕途失意。后客游河西，为哥舒翰书记。历任淮南、西川节度使，终散骑常侍，世称"高常侍"，进封渤海县侯。边塞诗与岑参齐名，并称"高岑"，笔力遒劲，气势奔放。

①董大：指董庭兰，当时有名音乐家。
②曛（xūn）：即昏暗，指夕阳西沉时的昏暗景色。

[释意]

暮色苍茫壮君行

高适这首送别诗，一改低沉缠绵风格，直奏慷慨悲歌，在风雪暮色中为朋友助威壮行。

"千里黄云白日曛，北风吹雁雪纷纷"，暮色苍茫，飘雪欲至。黄云、白日、北风、飘雪，这两句诗写了眼前的景物，用的是白描的手法，诗人借景抒情，用"白日曛"来摹状别离的心绪与情愫，真挚动人，却也充满着悲壮的画面质感。

"莫愁前路无知己，天下谁人不识君"，豪言壮行，精神力量。"莫愁"

祝福语排斥愁云情调，直接变调为欢乐昂扬的鼓励，让人于慰藉中得到了信心与勇气，言语质朴却也振奋有力。

[释例]

"以诗解诗"增积累

"以诗解诗"，在古诗教学的一个或几个环节中，通过"查、读、品、拓"方式，恰当运用学生积累的古诗，在反复品味中领会诗人的感情，感受古诗的艺术形象，引领学生进入只可意会不可言传的美妙的古诗意境。

查：激兴趣、追诗人。借助诗人的人生经历和情感变化来设计"以诗解诗"，重点了解诗人高适的生平经历及歌手董庭兰的生活情况。

读：感诗境、悟诗情。温儒敏说："怎样教好古诗？最好的办法就是反复诵读，读得滚瓜烂熟，不用过多的阐释，也不要过多的活动，宁可多读几遍、多读几遍。"借助多媒体补充视频、图片、乐曲，让学生反复诵读，想象诗歌中描绘的北方日落黄昏、旷野茫茫的特有景象。

品：引同类，觅捷径。引入了《别董大》第二首："六翮飘飘私自怜，一离京洛十余年。丈夫贫贱应未足，今日相逢无酒钱。"加深了对诗文的深入理解和体验，在潜移默化中领悟了诗情，丰富了古诗积累，形成了积极的人生观。"以诗解诗"建构了一种高效率、轻负担、有后劲的教学模式。

拓：知共性，促阅读。出示李叔同《送别》，品读意象，又引入《赠汪伦》《送元二使安西》《黄鹤楼送孟浩然之广陵》三首送别诗，感知"送别"意象，体会送别诗依依惜别之情。

参考文献：

雷波. 课程视野下的"以诗解诗"教学策略实践与探究——以《别董大》为例 [J]. 新课程（综合版），2018（10）：104.

晓出净慈寺送林子方

［宋］杨万里

毕竟西湖六月中①，风光不与四时同。

接天莲叶无穷碧②，映日荷花别样红③。

［释题］

这是一首描写西湖六月美丽风光的绝句，主题却是送别。

［注释］

杨万里（1127—1206），字廷秀，号诚斋，吉水（现江西省吉安市）人。南宋"中兴四大诗人"之一，倡导"活法"作诗，创辟出一种新鲜活泼、透脱灵动的诗风，号为"诚斋体"。

林枅，字子方，举进士后曾担任直阁秘书，杨万里时任秘书少监、太子侍读，是林子方的上级兼好友。后林子方被调离赴福州任职，职位知福州，林子方甚是高兴，杨万里则劝告林子方不要去福州。此诗通过描写六月西湖的美丽景色，曲折地表达对友人林子方的眷恋之情。

净慈寺，在杭州西湖南岸，处雷峰塔对面，是西湖十景"南屏晚钟"所在。

①毕竟：副词，表示最后得出结论，到底，终究。如："青山遮不住，毕竟东流去。"

②接天：像与天空相接，与"映日"形成互文。

③别样：不同寻常，特别。

［释义］

别样的西湖之美

西湖之美，苏轼谓"淡妆浓抹总相宜"，美在晴雨时的山水之丽；而杨万里写出了西湖夏天的最美,"接天莲叶无穷碧,映日荷花别样红",荷香阵阵,绿意盈湖,今谓"曲园风荷"。

荷美在壮观。莲叶"接天",荷花"映日",满湖莲叶与荷花,无边无际,煞是好看。"接天"与"映日"互文,莲叶接天,荷花当然也是接天的,荷花映日,莲叶当然也是映日的。

荷美在色彩。红的是荷花,绿的是莲叶,众绿丛中数点红,碧绿与艳红相映,微风过处,绿叶摇曳,红花点头,湖面圆舞曲一波又一波。

荷美在清新。荷香沁鼻,淡雅而悠远,纯然清新气息,明丽处清新在。

[释例]

明诗意 入诗境 品诗情

通过解诗题、明诗意、入诗境和品诗情等环节,加强古诗学习方法的训练,注重提升学生的阅读能力。

解诗题。从《别董大》《赠汪伦》《送元二使安西》《黄鹤楼送孟浩然之广陵》等诗题发现"送别诗",重读《晓出净慈寺送林子方》中的时间、地点和行为,理解诗歌主题。

明诗意。引导学生朗读古诗时要求读准确、读通顺,读出古诗的"味道",让学生倾听、评价、示范,在"读"中渐入佳境,注重"以读为本""以读代讲"。

入诗境。意境是诗歌的灵魂,体会"诗中有画"的意境美,引导学生联想,抓住关键词"碧""红"进行品味与揣摩,在品析中促进学生语言表达能力提升,提问注意问题的指向性、启发性和激励性。

品诗情。讨论:诗题有"送"字而诗句里却没有"送"的行为?从学生知识经验出发,以诗引诗,在品味、比较和推敲中体会不同的送别方式,感受诗歌语言的精妙。

参考文献:

黄璟,黄桂香.《晓出净慈寺送林子方》教学实录与评析 [J]. 广西教育,2018(44):66-69.

（三）亲情思乡诗

　　亲情思乡诗是游子对亲人及家乡的思念。此处选亲情思乡诗共八首，其中《游子吟》《九月九日忆山东兄弟》《夜雨寄北》等3首为亲情诗；《与史郎中钦闻黄鹤楼上吹笛》《静夜思》《宿建德江》等5首为思乡诗。

　　亲情诗中有父母情、兄弟情和夫妻情。以忆情节、绘场景为主，通过描绘生活中细微平常的场景来表达诗人对亲人的深挚思念之情。思乡诗包含故园情和思乡曲。故园情有迁客思家、行人念家以及异地想家；思乡曲有行旅思家、游子思乡和征人望乡。故园情以绘景为主，通过时间与空间的构图，借助微小意象与精神世界交融，来抒发思家之情。思乡曲以描绘行游途中的所感为主，语言自然，看似平淡实则情真意切。

游子吟

[唐] 孟郊

慈母手中线，游子身上衣。
临行密密缝①，意恐②迟迟归。
谁言寸草心③，报得三春晖④。

[释题]

诗题讴歌母爱，用《游子吟》曲调。《游子吟》，属《乐府诗集》中"杂曲歌辞"，为古时歌曲名称。《全唐诗》一作"迎母溧上作"，诗人仕途失意，饱尝世态炎凉，此时愈觉亲情可贵，故临发写出感人至深的颂母之诗。

[注释]

孟郊（751—814），字东野，湖州武康（今浙江德清县）人。与韩愈交谊颇深。其诗感伤遭遇，多寒苦之音。用字造句力避平庸浅率，追求瘦硬，与贾岛齐名，人称"郊寒岛瘦"。

①临行密密缝：吴越乡间风俗，家里有人出远门，母亲或妻子为出门人做衣服，必须针脚细密，要不然出门人的归期就会延迟。

②意恐：担心。

③寸草：小草，比喻子女。

④三春晖：形容母爱如春天温暖、和煦的阳光照耀着子女。晖，huī，阳光。

[释意]

仁孝之言，自然风雅

苏轼《读孟郊诗》有云："诗从肺腑出，出辄愁肺腑。"孟郊作诗，诗作从物象、景致感悟发出，出口随性，不经雕饰，却也感人肺腑，淳朴淡素。

《游子吟》即是写日常细微却显深挚情感。

其一，从人至物。"手中线"与"身上衣"，这是极为普通的物件，诗歌通过这普通之物来刻写母子相依为命、血浓于水的骨肉之情。

其二，从人物描写至动作。"密密缝"与"意恐"，乃常见之场景，使人阅后无不想起那熟悉的母亲的身影与这真挚的眷念。

其三，从人事到亲情。在诗歌结构上，选取了一个生活中平凡常见的情景，然又以比兴之法作结，以寸草与春晖比喻游子与慈母，非常贴切适宜且生动形象。诗歌的语言相当自然质朴，如苏轼所言，"虽类口语，却皆为未经人道语，……以道得人心中事为工。"

[释例]

一枝一叶总关情

——以周振甫《游子吟》赏析为例

教学中，可根据诗歌的抒情方式对字词、情节成分及构思进行解读教学，如巧抓叠词和摹状词来感受诗人的情感，以及分析抒情方式等。

一种是"直抒胸臆"，构思精妙。"诗缘情而绮靡"，"绮靡"以达情。除具有押韵、对仗外，也有对时光的追念、目前和将来情景的描写和悬想；有细微的动作、神态乃至内心世界的描摹等。如首句以对偶的写法，遣词自然而不多加雕饰，以此点出"慈母"与"游子"，作比"线"与"衣"的亲密关系，引出下文"密密缝"的细微动作，从这场景中又推出"意恐"迟归的神态，说明了游子漂泊在外，渴望归来可又未得归来。

一种是"间接抒情"，了无踪迹。利用各种文学手段以达艺术效果，叠词运用和比喻手法。如叠词生意，"密密"言心思，"迟迟"明心迹；比喻贴情，"寸草心"比喻游子的孝心，"三春晖"比喻母爱的温暖。这些手法的运用不见任何雕琢的痕迹，恰似真情流露，发自肺腑，达到了"不着一字，尽得风流"的艺术效果，着实让人动容。

参考文献：

周振甫.析孟郊《游子吟》[J].名作欣赏，1989（01）：37.

九月九日忆山东兄弟①

［唐］王维

独在异乡为异客②，每逢佳节倍思亲③。
遥知兄弟登高处，遍插茱萸少一人④。

[释题]

诗抒兄弟之情，在佳节团聚之时。时属重阳，诗人年仅十七在长安谋取功名，客中思乡，情韵质朴而深厚，"每逢佳节倍思亲"，道出了异乡之客内心真情实感，朴素无华却又高度凝练。

[注释]

王维（701—761），字摩诘，原籍祁（今属山西），其父迁居蒲州（今山西永济），遂为河东人。盛唐山水田园诗派的代表作家，与孟浩然并称为"王孟"，诗风空灵，亦被誉为"诗佛"。诗作画面鲜明，意境浑融，观察细微，刻画传神，被赞为"诗中有画"（苏轼）。

①山东：此谓华山以东，即王维家在山西省永济市，永济在华山东面。

②异客：异乡的客人，此为作者自称。

③倍（bèi）：一倍，加倍，可理解为更加，格外。

④茱萸（zhū yú）：一名越椒，一种有香气的植物。古人有重阳节佩戴茱萸避邪的习俗。

[释意]

每逢佳节"倍"思亲

《唐诗选脉会通评林》中徐充评价道："'倍'字佳。'少一人'正应'独'字。""倍"感之处有三，以地时人三方面对比展开：一是以异乡与家乡之地对比，在距离中倍增思念；二是所逢佳节，在繁华与孤寂中倍增思念；

三是"少一人"，在穿越中变换时空位置，写亲人想我之憾，倍感孤寂。

首先，"异乡"与"家乡"对比，可见客与主的区别，在这距离中倍增思念之感。

其次，"倍思亲"，意为逢佳节之际倍加思念。诗人在繁华的帝都考取功名，对于游子而言，这算是举目无亲的异乡，在繁华热闹之间却更显游子之孤独寂寞，异乡与异客体现了诗人对亲人与家乡的思念之情。

最后，这"少一人"又与这"独"呼应，孤苦反而是其次，遥望怀想兄弟们登高遍插茱萸，可是自己独身一人，实在感到缺憾。不说我想他却说他想我，曲折地表达了诗人独在异乡时思念亲朋、怀恋家乡的思乡之情。

[释例]

与诗对话

——以余映潮谈《九月九日忆山东兄弟》教学为例

余映潮老师从诗歌的结构和语言两方面重新解读了此诗。一是琢字以寻找字词的连带关系填补背景，解"倍"加以品句，感悟诗人加倍思念；二是探法以贯通参事悟理，把"茱萸"赋予"神"的色彩，穿越时空，与家人对话。

在语言方面。一则析题，且当品诗眼。"忆"有串联时间和地点，将人物关系也连接其中的作用。不仅在抒写回忆之意，也有想念、思念的真情流露。二则琢字，"独"与"忆"首尾相应，而"异乡"与"异客"中的"异"，填补了诗歌的写作背景，增强了这份孤独之意，又与"遥知"互为照应，在距离中增加思念。三则品句，"倍"取其加倍、更加之意。诗人在这佳节之际加倍思念亲人，更有思念与家乡有关的美好之意。

在结构方面，则是探法。"遍插茱萸少一人"，作者变换空间位置，想象亲人产生遗憾，欢度佳节中缺少了"我"。不直接写思念亲人而写亲人在思念自己，这美妙的虚笔，含蓄深沉而又曲折有致，蕴含着巨大的力量，"诗从对面飞来"（浦起龙）。

参考文献：

余映潮.——说说《古诗两首》（《夜书所见》《九月九日忆山东兄弟》）的教学［J］.语文教学通讯，2018（30）：50-51.

夜雨寄北

[唐] 李商隐

君问归期未有期，巴山①夜雨涨②秋池。
何当共③剪西窗烛，却话巴山夜雨时。

[释题]

思念妻子，秋夜听雨愁思正浓郁。题作亦为《夜雨寄内》，"内"，即内人、妻子，可见是寄给妻子。诗人身居遥远的异乡巴蜀，在巴山雨夜中思念妻子，表达了深深的思念之情。

[注释]

李商隐（813？—858？），字义山，号玉溪生，又号樊南生。原籍怀州河内（今河南沁阳），自祖父辈起移居荥阳（今河南郑州），为李唐王室旁支，受"牛李党争"影响，遭人排挤，潦倒终身。擅长律绝，与杜牧合称"小李杜"，咏史诗托古似讽，无题诗深情缅邈。

①巴山：山名，也叫大巴山，这里泛指诗人就职的巴蜀之地。
②涨（zhǎng）：涨满。
③共：副词，共同，一道，可理解为"一起"。

[释意]

相思愁苦

诗用两个"巴山夜雨"，虽实写蜀地多雨自然现象，却也暗含诗人心绪情结，"巴山夜雨"也成为缠绵孤寂的代名词。

前两句写相思无极。首句一问一答，先停顿后转折，跌宕有致。前半句是妻问，表现的是妻子依依惜别的深情；后半句是夫答，表现的是丈夫隐隐难忍的愁苦。这一问一答，如泣如诉，透露出他的羁旅之愁和不得归之苦，缱绻缠绵之思，令人难忘。第二句诗人写巴山，交代地点；写夜雨，交代了时间。"巴山夜雨"概括了诗人所处的环境：秋雨凄凄沥沥地下不停，把池塘都涨满了，全句运用了衬托的手法，以肃杀冷落的秋景来衬托诗人的愁苦心情。

后两句写愁苦无端。诗人的心境是苦闷、孤寂的，却又无可奈何。但是，诗人笔锋一转，展开了想象的翅膀，预想将来会面时幸福的情景，相依相偎间情话更反衬出现实的不堪。巴山夜雨凄凉景，美妙的幻想南柯梦，委婉表达了诗人的相思愁苦之情。

[释例]

虚实相生

纪昀评说此诗："作不尽语，不免有做作态，此诗含蓄不露，却只似一气说完，故为高唱。"高明之处在含蓄不露，有虚实相生之妙。

诗起笔时并不是直接抒发其对友人的思念，而是用非常平静的心情阐述了一个事实，首句"君问归期未有期"，给接下来的抒情蓄势。"未有期"三字之惆怅无以言表，没有归期，抒发了作者的孤独落寞。第二句"巴山夜雨涨秋池"，看起来马上要喷涌而出的情感，依然处在蓄势的状态。第一句写情，第二句却写景了，认真体会便会悟出其高妙的写法，完全避免了情怀抒发干枯晦涩的弊病，秋池之涨与情绪之变，恰可谓相互关联的整体。

后两句遥想他日相聚，与君共对，共剪西窗烛，再回忆如今的愁绪离怀，将是多么温馨的场景。这种虚写未曾发生的事，又在未曾发生的事中融入了如今的实事，写法上虚实相生、摇曳多姿。学生了解这首诗独特的写法之后，便能在课堂教学中体会诗意、进入诗境、领悟诗情。

参考文献：

顾晓敏. 李商隐诗作《夜雨寄北》的鉴赏与思考 [J] . 成才之路，2015（17）：33-34.

与史郎中钦听黄鹤楼上吹笛
［唐］李白

一为迁客①去②长沙③，西望长安不见家。
黄鹤楼中吹玉笛，江城④五月落梅花⑤。

［释题］

此诗是李白乾元元年（758）流放夜郎路经武昌时游黄鹤楼所作。描写了游黄鹤楼听笛的感受，抒发了诗人的迁谪之感和去国之情。

［注释］

李白（701—762），字太白，号青莲居士。有"诗仙"美誉，与杜甫并称"李杜"。诗风雄奇豪放，想象丰富，语言清新自然。

①迁客：被贬谪之人。如《岳阳楼记》："迁客骚人，多会于此。"

②去：离开。如《诗经·魏风·硕鼠》："逝将去女，适彼乐土。"《岳阳楼记》："去国怀乡，忧谗畏讥。"

③长沙：用汉代贾谊事。贾谊因受权臣馋毁，被贬为长沙王太傅，曾写《吊屈原赋》以自伤。

④江城：指江夏（今湖北武昌），因在长江、汉水之滨，故称江城。

⑤落梅花：即《梅花落》，古代笛曲名，属汉乐府横吹曲，善述离情，与《折杨柳》一样。

［释意］

笛声穿越时空

吴烶《唐诗直解》评此诗说："无限羁情笛里吹来。"诗歌以"吹玉笛"闻"《落梅花》"触发，笛声穿越时空，使人听到了诗人的弦外之音，传达了无限悲愁的去国怀乡之情。

诗人巧借笛声来渲染愁情。时间上，以先有情而后闻笛的顺序抒情。前以"西望"的典型动作加以描写，传神地表达了怀念帝都之情和"望"而"不见"的愁苦；后以"笛声"化出"江城五月《落梅花》"的苍凉景象；前后情景相生，妙合无垠。《梅花落》本笛中曲也，江城五月，正当初夏，此曲吹得非常动听，便仿佛看到了梅花满天飘落的景象。梅寒至夏，正是诗人冷落心情处于水深火热之中的写照。

空间上，通过广阔的空间，融史实、遭际与笛曲为一体，传达出一种从军的豪迈与思乡之情。从长安至江城，则所感西汉贾谊事；由笛声想到梅花，由听觉诉诸视觉，通感交织，描绘出与冷落心境相吻合的苍凉景色，从而有力地烘托诗人去国怀乡的悲愁情绪。

[释例]

落梅之愁情

此诗以"落梅花"为靶向，以虚实相生、通感的艺术手法为纽带，构筑梅之所向，从而体味诗韵，理解诗人迁谪之感和去国之思。

虚实相生，直抒自我不幸遭际。"一为迁客去长沙"，以贾谊的不幸来比喻自身的遭遇，在历史上为真，当时为虚，流露了无辜受害者的愤懑，含有自我辩白之意。"西望长安"的情态是想象为虚，有对往事的回忆、对国运的关切和对朝廷的眷恋；"吹玉笛"为实，"江城五月"是实，而落梅花则又为虚，如此虚与实相生，笛声一强一弱，一热一冷，不免感到惆怅。

通感交织，渲染去国怀乡愁绪。"落梅花"，视听兼具。一为视觉形象，洁白的梅花盛开，花瓣随风四散，自有凛然生寒之意；二为听觉形象，笛曲《梅花落》苍凉，从笛中发出，随风飘荡，感到格外凄凉。

参考文献：

李云龙.借问梅花何处落——《与史郎中钦闻黄鹤楼上吹笛》和《塞上闻笛》之比较 [J].甘肃教育，2015（17）：76.

宿建德江

[唐] 孟浩然

移舟泊烟渚①，日暮客愁新。
野旷天低树②，江清月近人③。

[释题]

建德江，新安江流经建德（今属浙江）的一段江水。诗人48岁入京应试失败后，出游吴越途中所作。诗歌刻画秋江暮色，凄婉朦胧却不失清丽，暗暗地表达羁旅之思。诗作淡而有味，含而不露，自然清新，风韵天成。

[注释]

孟浩然（689—740），以字行，襄阳（今湖北襄阳）人，盛唐山水田园诗派代表诗人，与王维并称"王孟"。其诗多写田园风光，语言质朴。

①渚（zhǔ）：水中的小片陆地。

②天低树：是说空旷的四野，远远望去，天比树还低。低为摹状词，天幕低垂，好像和树木相连。

③月近人：因江水清澈，月映江中，人在船上俯身而望，似觉月亮在向人亲近。近是亲密的意思，采用化动为静的拟人手法。

[释意]

夜宿清江见三美

"下半写景，而客愁自见。"（沈德潜《唐诗别裁》）小诗在情景相生、思与境谐中"自然流出"，显示出一种风韵天成、淡中有味、含而不露的艺术美。

一是构思美。诗人紧扣"愁"来取舍、构思。"泊烟渚"是"移舟"的目的和停靠地，因"日暮"，船靠岸产生愁苦，因"日暮"，江面才水烟朦胧，又因"日暮"诗人又生"新"愁思。二是意境美。日暮西山，泊船于烟渚笼罩着的小沙洲上，孤舟、孤岛、孤客、孤月交织的意境，勾起诗人无限愁苦悲思。三是形式美。以"愁"为诗眼，以"泊"来定格；以"日暮"表现寂寞、冷落，让诗人感到惆怅、孤独；以"野"和"低"来表现环境的空旷与气氛的压抑；以"清"和"近"来表现江水的纯洁与月影的亲近，孤月与亲，寂寞愁心化神为形，神形统一。

［释例］

抓意象，品韵味

诗人情因景生，全诗围绕一个"愁"字来写。在教学这首诗时可通过寻意象、抓诗眼、组意象展开，感受诗歌情感。

寻意象，构思绘画。一是找诗歌叙事成分。如：表行为的"移舟泊"，"泊"地点为"烟渚"，时间是"日暮"，交代了时间、地点、人物、事件。二是加入诗人主观感受，赋予意象意识。诗人在视觉上纵目旷野、天比树低，俯瞰江中、明月依人。学生可据意象理解诗意，入情绘画，从近景到远景，或隐或显，从静到动，或实或虚，领略画面美。

抓诗眼，由神入形。"愁"为诗眼，一种意象有多种形神，学生可通过意象透视，体会形式美。"舟"不是"莲动下渔舟"的舟，也不是"夜半钟声到客船"的"船"，于诗人是一片"孤舟"，承载着他一舟的情感，有面对秀山丽水的超脱兴致，也有怀才不遇、身若浮萍的无奈与愁苦。

组意象，想象情景。"野旷天低树，江清月近人"，天与树比高，人同月相亲，"低"与"旷"是相互依存的，"近"与"清"是相互映衬的，苍穹空旷，内心寂寥。

参考文献：

孙明言.构思美意境美形式美——《宿建德江》的审美教学［J］.云南教育，1989（02）：27-28.

杂诗
［唐］ 王维

君自故乡来^①，应知故乡事^②。
来日绮窗前^③，寒梅著^④花未^⑤？

［释题］

杂诗指不定题目的诗，写随时产生的零星感想和琐事。如陶渊明《杂诗》12 首，龚自珍《己亥杂诗》315 首。王维《杂诗三首》写相思，主要是乡愁。此为第二首，以"问梅"细节来刻画对于家园的断肠之思。全诗平淡质朴，却诗味浓郁，化复杂为单纯，变质实为空灵。

［注释］

王维（701—761），字摩诘，河东蒲州（今山西运城）人，祖籍山西祁县。唐朝著名诗人、画家，与孟浩然合称"王孟"，有"诗佛"之称。其诗题材和风格多样，艺术造诣高，尤擅留白艺术，形象思维丰富。

①君：对对方的尊称。

②知：知道，了解。

③绮（qǐ）窗：雕画花纹的窗户。绮，有花纹的丝织品。

④著（zhuó）：通"着"，发，生。

⑤未：用于句末，相当于"否"，表疑问。如陆游《剑门道中遇微雨》："此身合是诗人未？细雨骑驴入剑门。"

［释意］

淡绝妙绝

宋人刘辰翁《王孟诗评》："三首中淡中含情。"此诗选自三首的第二首，以第一人称叙写借问，平淡而有味；以留白手法，描绘生活中的微小事物，淡中却有情。

以白描手法，表现童真。开头两句采用第一人称，以一种不加修饰、接近于生活的自然状态的形式，传神地表达了"我"的思乡感情。"故乡"一词迭见，正表现其乡思之殷；"应知"云云，几近啰苏，却表现出了解乡事之情的急切，透露出一种儿童式的天真与亲切。纯用白描记言，却简洁地将"我"此时的感情、心理、神态、口吻等表现得栩栩如生。

用"问梅"细节，刻画乡思。身在异地，久客他乡，长期处于一种"失空"中，家乡的梅花成为诗人心底最温馨的记忆。关于"故乡事"太多，而"我"却独问对方窗前寒梅开花了没有。以留白的手法，问得淡绝妙绝。"窗"前着一"绮"，则窗中之人必是游子魂牵梦绕的佳人爱妻，"绮窗前"三字，含情无限，体味精妙。所以，这窗前的寒梅蕴含着当年居家生活亲切有趣的情事，成为故乡的一种象征。

[释例]

问梅：瞬间的理性停摆

"来日绮窗前，寒梅著花未"，这是诗人娴熟地运用中国画留白艺术，使诗歌产生很强的艺术张力，为读者留下广阔的想象空间。欧丽娟老师也挺关注这个"问梅"细节，她以一位台湾地区教师的故事来理解，相隔30余年后见到弟弟的一瞬间，内心的千言万语无从诉说，脱口而出的是一个自己根本没有想过的问题：家乡现在有没有电？

"寒梅著花未"，是在一种很特殊的状态下，王维捕捉到了久别重逢最初的那一瞬间。

那一瞬间是理性停摆，问的问题微不足道，因为微不足道所以才会脱口而出，因为它在帮你争取内心自我建设的一个安全的防备。你的心里知道自己很脆弱，所以一开始其实并不会问最重要的问题，因为你不一定能够承受那样的打击。

王维太敏锐，他比其他诗人更敏锐地捕捉到了稍纵即逝的那一瞬间，经典却也随性。

全诗以"绮窗、寒梅"为意象，给读者留下了无限的想象空间，任由读者随心尽意驰骋。

参考文献：

欧丽娟．寒梅著花未［J］．读者，2021（16）：54-55.

静夜思

〔唐〕李白

床前明月光^①，疑是地上霜^②。
举头^③望明月^④，低头思故乡。

〔释题〕

客居思乡，自然真切，语言清新朴素而韵味含蓄无穷，历来广为传诵。《静夜思》本为新题乐府，多写思乡、饮酒和失意等传统题材。

〔注释〕

李白（701—762），字太白，号青莲居士，被誉为"诗仙"，与杜甫合称"李杜"。诗风雄奇豪放，想象丰富，语言清新自然。

①明月光：一作"看月光"。明月，极言月之亮，月之圆。

②疑：可理解为"好像"。如："飞流直下三千尺，疑是银河落九天。"

③举头：抬头。

④望明月：一作"望山月"。山月，极言山之高，月之远。

〔释意〕

妙绝古今

明人胡应麟评价："太白诸绝句，信口而成，所谓无意于工而无不工者。"他称《静夜思》为"妙绝古今"之作。诗歌构思精巧，描绘出一幅形象生动的月夜思乡图。

其一，构思精妙。在这清秋夜景，诗人以霜喻月光，渲染出静谧宁和的清幽氛围，给人以美的享受。月白霜清，秋夜清景，以霜色形容月光，为古诗惯常，如萧纲"夜月似秋霜"、张若虚"空里流霜不觉飞"，皆空明澄澈，想象奇妙。

　　其二，形美意妙。诗歌的后两句写"思"，因诗人由望月而想起月光下的故乡，由"疑"而"思"，有一个从"举头"到"低头"的形象转换，写其踌躇却显其内心之态。动作简单，内容单纯，情韵却是丰富的，"举"头"低"头一刹那，道出了人人心中所有而笔下所无的淡淡乡愁。

　　其三，音乐曼妙。诗中"光""霜""乡"押韵工整，三字诵之音韵绵长而洪亮，诵读中可感其一种深厚而悠长的情韵。诗歌语言清丽素朴，诗韵明朗，读来朗朗上口，婉转动听。

［释例］

吟诵，通往古诗词王国的桥梁

——读谢蓉谈戴建荣《静夜思》教学赏析有感

　　以戴老师的课案为例，分析吟诵在诗情领悟中的重要性。学生可通过韵脚了解诗人情感的变化，结合吟诵声调的抑扬顿挫来渲染氛围以感悟思乡情，亦可通过构思图景来演奏出诗人情感起伏变化的音律美。

　　吟诵品韵。吟诵，在平仄中感悟诗情，感悟诗人情感的变化。吟诵间，从"明月"到"地上霜"，以白霜喻月光，渲染清秋的幽静淡雅；此际，吟诵声调由宏亮转至低沉，以此来感悟月光如水之冷静与凄凉。

　　吟诵抒情。"平声哀而安，上声厉而举，去声清而远，入声直而促。"此为吟诵之要义。戴老师以平仄之规律来诵读此诗，以其为切入点，连接画出诗人的情感线，由平仄所识记的情感的变化，来感受诗人的淡淡愁绪。诗人起初心情愉悦舒朗，见到这月光，忽想起家乡亲朋，心绪不免被烦扰，愈加思念，他的心情随着这明月而跌宕起伏，直至最后以明月温暖这颗思乡之心。

参考文献：

谢蓉. 吟诵，通往古诗词王国的桥梁——戴建荣《静夜思》教学赏析［J］. 小学语文教学，2012（22）：38-39.

夜上受降城闻笛

［唐］ 李益

回乐烽前沙似雪①，受降城外月如霜②。
不知何处吹芦管③，一夜征人尽望乡。

［释题］

这首诗描绘了受降城壮阔的夜景，寓情于景，抒发戍边将士浓烈的乡思哀愁，被推为中唐边塞诗的绝唱。

［注释］

李益（746—约829），字君虞，凉州姑臧（今甘肃武威）人。"大历十才子"之一，长于七绝，诗以边塞诗知名。

①回乐烽：唐代有回乐县，灵州治所，在今宁夏回族自治区灵武县西南。一作"回乐峰"，指回乐县的烽火台。

②受降城：灵州治所回乐县（古县名，西夏时废，治今宁夏灵武市西南）的别称。唐代，这里是防御突厥、吐鲁番的前线。

③芦管：是古代西域各国通用的乐器筚篥，东晋之时传入中原，南北朝至唐代极为盛行。芦管擅于演奏速度较慢、缠绵悱恻、哀伤动人的乐曲。

［释意］

受降城月下的诗意美

朱之荆《增订唐诗摘钞》评曰："沙飞月皎，举目凄其，下此耳闻笳声，安又不思乡念切者。"全诗写得有声有色，前两句写的是色，第三句写的是声，末句抒心中所感，叙写征人愁情。

一是用雄壮悲切的语言写受降城月下景致。视域由远及近，边塞荒寒，峰台肃立。远望，回乐城数十里的丘陵，耸立着一排烽火台；凝视，丘陵下一片沙地，月光映照，沙子像积雪一样洁白而带寒意。角度从低及高，沙漠似雪，月地如霜。高城之外，天上地下满是皎洁、凄冷的月色，令人望而生寒。这如霜月光和月下雪一般的沙漠，正是触发征人乡思的典型环境。

二是夜风送来了凄凉幽怨的芦笛声，更加唤起征人望乡之情。万籁俱寂的静夜，夜风中如泣如诉的笛声，更加唤起征人的思乡之情，而"不知"一词却写出征人迷惘的心境。

三是时空对比写征人愁情之深远。"一夜"写思归怀乡之情在时间上持续之久，"尽"字显范围之广，道出了军士无一例外地有着不尽的乡愁。

诗人把景色、声音、感情三者融合为一体，将诗情、画意与音乐熔于一炉，整体意境浑成，简洁空灵。

[释例]

慷慨悲凉的边塞之声

哀怨缠绵的芦笛声，撩拨着征人伤感的心弦。教学时可采用朗读的方法，通过把握朗读节奏和韵律，读出诗歌情绪和味道。

构思上，创设音乐美感染力。第三句总绾前两句环境气氛而转出题意，又引发末句揭示征人闻笛后的感受，使全篇从幽静的景色转到凄楚的音响，又从凄楚的音响跌落到低回的情思，时缓时急、时弱时强、时转时推、时抑时扬，全诗转换自然顺畅，音韵悠扬谐美。

语言上，富有慷慨悲凉的音律。用音乐刻画人物，表现在征人瞬间情感的变化上更为传神。诗人没有通过描写芦管的具体音乐形象来刻画曲调特点，而是描绘了"尽望乡"其音响给征人动作、情绪带来的瞬间变化，表现出音乐的独特节奏美感带来的情致影响。

情感上，体验如泣如诉的笛音。其音色或粗犷，或柔美，或高亢，或低沉，吹奏出一种辽远、凄切、如泣如诉之感，将边塞特征与芦管音色组合，创造出一种幽怨凄凉的氛围，表达征人的边塞相思之愁。

参考文献：

张纲. 论李益边塞诗的音乐美 [J]. 陇东学院学报，2011，22（01）：30-32.

第三篇　社　会

此生此夜不长好，明月明年何处看。

——［宋］苏轼

（一）　爱国忧民诗

爱国忧民诗，古今一脉相承。自屈原发端，"长太息以掩涕兮，哀民生之多艰"，关注家国民生；杜甫承继，"安得广厦千万间，大庇天下寒士俱欢颜，风雨不动安如山"，关注民间疾苦，忧国忧民；陆游弘扬，"位卑未敢忘忧国"，爱国热情高涨；文天祥高扬，"人生自古谁无死，留取丹心照汗青"，能尽忠报国，死何足惜！龚自珍忧心，"落红不是无情物，化作春泥更护花"，拳拳报国之志热忱。

爱国忧民诗共 10 首，其中《出塞》《塞下曲》《示儿》等 6 首为爱国诗，《悯农》《题临安邸》等 4 首为忧民诗。

爱国诗以讴歌对祖国人民的热爱之情为主。有边塞卫国，有战乱护国，亦有誓死报国的赤子情怀，思想高尚，情感纯真，赋有民族气节和爱国精神是爱国诗的主旋律。

忧民诗以揭露社会弊端和关注民生疾苦为主基调，具有强烈的现实主义批判精神，抒发了诗人"忧国忧民"的仁者情怀。

出塞

[唐] 王昌龄

秦时明月汉时关①，万里长征人未还。
但②使龙城飞将③在，不教④胡马度阴山⑤。

[释题]

《出塞》为乐府《横吹曲词·汉横吹曲》旧题，一般写从军与战争题材。此诗属边塞诗，诸如《从军行》《燕歌行》《凉州词》《塞下曲》及《关山月》，皆属边塞题材。

[注释]

王昌龄（690—756），字少伯，京兆万年（今陕西西安）人。擅长七绝，有"七绝圣手"之称，多边塞军旅、宫怨闺情之作，诗风清刚俊爽，深厚婉丽。

①秦时明月汉时关：互文见义。此句意为：月照关塞，自秦汉至今皆如此。暗示战争时间之久远。

②但：表假设或条件，可译为"只要"。

③龙城飞将：指抗击敌寇，扬威边地的名将。龙城，指匈奴祭天圣地。据《史记·李将军列传》记载："（李）广居右北平，匈奴闻之，号曰汉之飞将军，避之数岁，不敢入右北平。"这里说"飞将"冠以"龙城"，是把两个典故化用在一起。

④教（jiāo）：动词，令，让。如"忽见陌头杨柳色，悔教夫婿觅封侯"。

⑤阴山：阴山山脉，今内蒙古境内。

[释意]

"秦时明月"之意蕴

明代杨慎《升庵诗话》说："此诗可入神品。'秦时明月'四字，横空盘硬语也。"“秦时明月”可谓此诗的关键，亦是该诗意境雄浑深远所在。

边塞“明月”犹如一位战争观察者，记录着边塞所发生的一切，意蕴丰富，主要有三：一是衬托时间。以永恒月亮衬托战争的连绵以及生命（时间）短暂，“明月皎皎照我床，星汉西流夜未央”（曹丕），时间流逝而明月如照；“人生代代无穷已，江月年年只相似”（张若虚），慨叹江月长明而人生短促；“秦时明月汉时关”，互文见义，用时间久远和空间苍茫相衬托，形成一种雄浑苍茫的独特的意境。二是渲染氛围。渲染边塞的清冷与萧瑟，“明月出天山，苍茫云海间”（李白），月下空明；“大漠沙如雪，燕山月似钩”（李贺），月色凄清。三是寄托乡思。借明月寄托边塞战士思乡之情。“美人迈兮音尘阙，隔千里兮共明月”（谢庄），亲人分离，望月生思；“回乐峰前沙似雪，受降城外月如霜”（李益），月亮代表我的心；“青山一道同风雨，明月何曾是两乡”（王昌龄），月亮走，我也走。

[释例]

共享诗情月明中

一、重意境，赏读激趣。以《月夜》《咏月诗廊》为主体，诵读诗歌激发情绪，体会“千古诗情月明中”的诗歌意境。

二、重想象，情景交融。品读“秦时明月汉时关”，提问：你看到了什么？听到了什么和想到了什么？让学生进入“一弯月色照九州”的场景中去想象、体验和感受，情景交融，身临其境。

三、重诵读，品悟入情。播放音乐《胡笳十八拍》，欣赏课件《战之殇》，通过想象来品味语言，以诵读体悟诗情，增进诗歌理解。

四、重积累，以诗解诗。积累多首边塞诗，感知战争与和平主题。

五、重文本，吟咏创新。自创诗作，谈感受。

参考文献：

龙燕，张传根. 共享诗情明月中 同吟龙标家国梦——《出塞》教学设计及评析［J］. 小学教学研究，2014（07）：80-81.

凉州词

［唐］王翰

葡萄美酒①夜光杯②，欲饮琵琶马上催③。
醉卧沙场君莫笑，古来征战几人回？

[释题]

凉州词，唐乐府名，以凉州（今甘肃河西、陇右一带）地方乐调来歌唱。《新唐书·乐志》说："天宝间乐调，皆以边地为名，若凉州、伊州、甘州之类。"诗写战士征前豪饮场景，表现将生死置之度外的旷达奔放之情。

[注释]

王翰（687—726），字子羽，并州晋阳（今山西太原）人。景云进士，官仙州别驾。任侠使酒，恃才不羁。诗格雄放，边塞诗尤负盛名。

①葡萄美酒：西域盛产葡萄，酿成美酒，汉武帝时已传入中国。

②夜光杯：据《海内十洲记》记载，周穆王时，西域曾进献白玉制作的"光明照夜"的"夜光常满杯"。这里借以形容酒杯的晶莹精致。

③琵琶：刘熙《释名·释琵琶》："琵琶本出胡中，马上所鼓也。"琵琶乃在马上弹奏的乐器。

[释意]

杀敌报国的豪言壮志

《唐人万首绝句选评》云："气格俱胜，盛唐绝作。"诗写英雄气概和侠士襟怀。

以身许国、生死置之度外的英雄气概。"葡萄美酒夜光杯，欲饮琵琶马上催"，言事，出征在即。军中大摆筵席，无疑，既是为了鼓舞士气，也是为了以壮行色。精美的装饰，豪华的气派，欢快的旋律，正演绎着盛唐的豪迈之

气："孰知不向边庭苦，纵死犹闻侠骨香。"（王维）

醉卧沙场、敢于慷慨赴死的侠士襟怀。"醉卧沙场君莫笑，古来征战几人回"，言情，相互劝饮。是席间的劝酒之词，更是战士们夸大陈述的豪饮之词，由"醉卧沙场"表现出来的是视死如归的豪情壮志、向死而生的豁达胸襟。"古来征战"就会有牺牲，既然征战有可能一去不回，何不痛痛快快喝完酒再杀敌报国，体现的是将士们视死如归的精神："愿得此身长报国，何须生入玉门关"（戴叔伦）。

[释例]

边塞英雄，诗中豪情
——以何夏寿《古诗三首之出塞·凉州词》教学为例

何老师比较阅读王昌龄《出塞》和王翰《凉州词》，展开边塞诗教学探究。

一是展示两首诗共有的边塞风光、边塞生活。以游戏的方式猜诗句，凸显边塞风土人情；又以"沙画"的独特方式让学生体验诗句中边塞景象。

二是彰显两首诗共有的戍疆卫国的壮志豪情。边塞之乱是统治者挑起的利益之争，但维护边境安定无疑是戍疆卫国人的英勇之举，所以这也正是边塞诗的积极意义之所在。比较理解，"战士立志守卫边关"和"做好战死沙场的准备"，其本质是一样的：都表达了为国为民守卫边关，战死疆场而在所不惜的豪情壮志。

三是诠释两首诗中所反映的复杂民族关系。对古诗中边塞诗的理解，必须与历史上复杂的民族关系相联系，让学生有所理解。

四是调动引导学生解读两首边塞诗的意趣。以演唱、游戏等方式，提升学生解读古诗的意趣。

参考文献：

何夏寿（执教），周一贯（评析）．边塞话英雄，诗里品豪情——统编版语文四年级上册《古诗三首之出塞·凉州词》教学实践［J］．小学教学研究，2020（04）：16-19．

凉州词

[唐] 王之涣

黄河远上白云间，一片孤城万仞山[①]。

羌笛[②]何须怨杨柳[③]，春风不度玉门关[④]。

[释题]

凉州词，唐乐府名，以凉州（今甘肃河西、陇右一带）地方乐调来歌唱。《新唐书·乐志》说："天宝间乐调，皆以边地为名，若凉州、伊州、甘州之类。"这首诗既是一幅西北边疆壮美风光的画卷，又是一首对出征将士满怀同情的怨歌。

[注释]

王之涣（688—742），字季凌，绛郡（今山西新绛）人，原籍晋阳（今山西太原）。《全唐诗》存其诗六首。

①仞（rèn）：古代的长度单位，一仞相当于七尺或八尺。

②羌笛：我国古代西北地区羌族吹奏的一种乐器。

③杨柳：笛曲《杨柳枝》，亦名《折杨柳》。

④玉门关：在今甘肃敦煌西北，唐朝时为凉州西境。为中国内地和西域的"界牌关"。

[释意]

西北边陲怨杨柳

前两句偏重写景，描绘西北边陲的地理环境。"黄河远上"，背景辽阔与雄奇；"一片孤城"，景致萧索与荒凉。孤城遥望，黄河奔腾，仿佛直上白云之间；环视孤城，群山巍峨，感觉孤零零地四无依傍。如此空旷之地，守城单薄，当强敌压境之时，战斗该是多么严峻啊！足见戍守艰难程度。边塞风光，苍凉壮阔，气势雄浑。

后两句偏重抒情，抒发守边将士的思乡情感。"杨柳"取双关之意，本就有依依惜别的意味，又是《折杨柳》曲调内涵，明明是"折杨柳"却说"怨杨柳"，一字之易，情调毕露。"春风"也语义双关，春风也算别有会心，能体恤征人之怨，故杨慎《升庵诗话》说："此诗言恩泽不及于边塞，所谓君门远于万里也。"侧面抒发了戍边将士思乡不得归的愁怨。征人怨情，情思悱恻，凄清感人。

[释例]

边塞诗的代表作

此诗为唐代绝句代表。沈德潜《唐诗别裁集》引王渔洋说："必求压卷，王维之'渭城'，李白之'白帝'，王昌龄之'奉帚平明'，王之涣之'黄河远上'，其庶几乎！"此诗为绝句代表。章太炎推王之涣《凉州词》为"绝句之最"。此诗为边塞诗代表作。《唐诗三百首》直接命题为《出塞》。

诗人简介及"旗亭画壁"故事。介绍王之涣生平，与王昌龄、高适等边塞诗人齐名，《凉州词》亦名《出塞》，边塞主题曲调。"旗亭画壁"故事说明了王之涣此首《凉州词》的流行程度之高，真乃"传乎乐章，布在人口"。

孤城戍卒思乡图及生活特写。雄浑苍凉的边疆，孤单渺小的城堡，凸显戍守艰难，为下面征人之怨作铺垫。"羌笛何须怨杨柳，春风不度玉门关"，宕开一笔，状戍卒之深情，"玉关杨柳，亦同苦春寒。托羌笛以寄愁者，何必错怨杨柳枝不肯依依向客耶？"（俞陛云）"何须怨"，看似豁达的宽解语，实则是无限同情的悲切情。

创作手法及征人思乡情结。情景相生，前写景后抒情，情景交融。映衬对比，"黄河"与"白云"色彩辉映，"一片"与"万仞"对比强烈。征人思乡，《诗经》开端，乐府流行，盛唐以边塞诗发音，此诗正是"满目征人苦情，妙在含蓄不露"（《唐诗正声》）。

参考文献：

刘秀芹. 一首格调苍凉的边塞诗：试析王之涣《凉州词》［J］. 中学生阅读，2020（10）：26-27.

春望

[唐] 杜甫

国破山河在^①，城春草木深。
感时花溅泪^②，恨别鸟惊心。
烽火连三月，家书抵万金。
白头搔更短^③，浑欲不胜簪。

[释题]

此诗作于至德二年（757）三月，杜甫身处沦陷区，目睹长安城一片萧条零落的景象，百感交集，触景伤怀而作，遂成千古名篇。

[注释]

杜甫（712—770），字子美，自号少陵野老，世称杜工部、杜少陵。原籍襄阳（今属湖北），迁居巩县（今属河南）。唐代伟大的现实主义诗人，被尊为"诗圣"，其诗被称为"诗史"。以古体律诗见长，语言精练，风格沉郁顿挫。

①破：残破，破败。

②时：时机、时运，可理解为时局、时事。

③搔：挠，用手指甲轻抓。如《诗经·邶风·静女》："搔首踟蹰。"

④胜（shēng）：能承担，能承受。如李白诗句："旧苑荒台杨柳新，菱歌清唱不胜春。"

[释意]

千古春愁

公元757年春天，一个多愁的时节，诗人杜甫记录下了国殇、物悲、民忧和身愁。

国破家亡之悲。"国"是诗人寄托思想情怀的国家，具有家国意识的主观化的概念，而"山河"是自然的景物，是客观存在的。"城春"本是春日生机，却是"草木深"荒芜景象，鲜明的对比让人体会到国破的沉痛和悲哀，"山河在，明无余物矣；草木深，明无人矣"（司马光）。

乐景哀情之悲。通过"花"和"鸟"写春天所见，抒忧国思乡之情。诗人以饱含感情的眼光看待花鸟，那么花鸟也产生了感情，运用了移情于物的拟人手法赋予花鸟自然生灵以人性与人情。

民不聊生之悲。"连"在时间上表现战争的持久和艰苦，在空间上表现了必须保持高度戒备，严峻的战争形势就此凸显。"抵"表面上写家书珍贵，实则是忧虑家人安危，孤独无助而忧心如焚。

未老先衰之悲。"白发"因愁而生，"搔"是诗人想要解愁的动作，"更短"表现诗人愁愈深。白发稀疏，未老先衰，是烽火连月致家信不至、国愁家忧齐上心头所导致的。

[释例]

望中生思
——以赵思达《春望》教学为例

赵老师以"望"为诗眼，通过对自然之景的眺望、家人团聚的盼望和天下太平的期望展开教学。

自然景物的眺望。国"破"尽显国都沦陷、兵荒马乱之貌。春季本是百花齐放、鸟语花香，处处勃勃生机的时节，但诗人一想到如今国都沦陷、家人离散，眼前的春景反添悲伤。"溅"有迸发、跳跃之意，与落泪相比情感更加激烈，通过移情手法使"花溅泪""鸟惊心"更具物态与情韵。

家人团聚的盼望。"连三月"表明战争遥遥无期，战事激烈，"抵万金"极写家书难得，忧虑家人安危，在"望"中盼望家人团聚。

天下太平的期望。"搔更短"这一动作，国愁家忧齐上心头，使得忧虑到极点，与"凭轩涕泗流"行为一致，忧患天下而意志踌躇，"落句方思济世，而自伤其老"（王嗣奭）。

参考文献：

赵思达.《春望》教学实录及过程性评点［J］.语文教学与研究，2020（12）：117-119.

塞下曲

[唐] 卢纶

月黑雁飞高，单于夜遁逃①。
欲将轻骑逐②，大雪满弓刀。

[释题]

《塞下曲》，汉乐府旧题。《塞下曲》组诗共六首，皆写战事，此为第三首，写雪夜追逃壮举，气概豪迈。此题亦作《和张仆射塞下曲》。

[注释]

卢纶（748—799?），字允言，河中蒲（今山西永济）人。曾在河中任元帅府判官，官至检校户部郎中。为"大历十才子"之一。其诗工于叙事写景，诗格雄放。

①单（chán）于：匈奴的首领。

②轻骑（jì）：轻装的骑兵部队。一人一马为一骑。如"一骑红尘妃子笑"。

[释意]

自信豁达的盛唐精神

诗写急急追逃，激烈紧张，洋溢着英雄气概，展示的却是盛唐气象：自信且豪迈。

"欲将轻骑逐，大雪满弓刀"，含蓄地写出了战斗胜利在望的自信，写出了将士们勇猛追击的精神面貌。这种自信自立、乐观豁达、坚忍不拔精神面貌的展现，体现了昂扬向上的盛唐气象。

对内，是一种自信自立的气概体现。唐朝国力强盛，将士们投身边疆，渴望杀敌报国并建功立业，这是一种自立的精神。月黑风高之夜，将士仅凭惊雁之声便断定"单于夜遁逃",将军只派轻骑于雪夜勇追逃敌,表现了将士英勇果断,自信豪迈的英雄气概。

对外,是一种乐观豁达的精神体现。战争本身是残酷的,战争虽然要面对死亡,但是将士们在如此酷烈的环境下,表现出一种充分的自信,表现出一种对人生豁达的态度,这是一个时代精神的全部表征所在,如王翰"醉卧沙场君莫笑,古来征战几人回"一样,将士坚毅的意志、昂扬的士气和决胜的信心,代表着一种时代精神。

[释例]

激情吟诵,体悟自信豁达的英雄气概

——读《塞下曲·月黑雁飞高》教学点滴有感

《塞下曲》为乐府旧题,源于汉《出塞》《入塞》等曲,具有独特的音韵美,可从曲韵、曲调两个方面,运用吟唱的方法展开教学。

由"曲"解题,感受曲调高亢的边塞军歌。根据"高""逃""刀"(平声"四豪"韵)开放特点,按照平长仄短、平低仄高以及入声高短的规则,配上高亢的边塞乐曲,吟唱出跌宕起伏的音韵美。

激情吟诵,由韵入境。吟唱中,抓住"月黑""夜""遁"三个字,高声短促吟唱;抓住"飞""高""逃",延展绵长吟唱。身临其境,感受战前一触即发的紧张氛围。抓住"轻骑""逐"高声短促吟唱,抓住"欲将""大雪""弓刀"三词,延展绵长吟唱,想象激烈的战斗场面,雪夜中勇追逃敌,吉凶未卜?只在胜利。感受将士英勇果断、自信豪迈、乐观豁达的英雄气概。

表演吟诵,感悟军人的爱国情怀。一边表演,一边吟诵,自由表达对军人爱国情怀的感悟:有自信昂扬,乐观豁达的斗争精神,有枕戈待旦、视死如归的报国精神,有"天下兴亡,匹夫有责"的家国情怀……

参考文献:

刘智学.透过吟咏的声音体悟边塞诗的豪迈情感——《塞下曲·月黑雁飞高》教学点滴 [J].教育艺术,2020(11):48.

示儿

［宋］陆游

死去元知万事空①，但悲不见九州②同③。
王师北定中原日④，家祭无忘告乃翁⑤。

［释题］

陆游绝笔，亦是遗嘱，写于宋宁宗嘉定二年（1209）农历十二月十八日，诗人临终前。示儿，不仅是作者写给儿子的，更是写给身后炎黄子孙的，表达的是诗人拳拳爱国之心。

［注释］

陆游（1125—1210），字务观，号放翁，越州山阴（今浙江绍兴）人。爱国诗人，与尤袤、杨万里、范成大并称为"南宋四大家"。其诗今存九千余首，清新圆润，格力恢宏。

①元：通"原"，本来。

②九州：指古代的中国。《禹贡》划分九州，即冀、兖、青、徐、扬、荆、豫、梁、雍，后世便以九州代称全中国。

③同：统一。

④中原：指淮河以北被金人侵占的地区。

⑤乃：第二人称代词，你，你的。

［释意］

千百年来爱国情

诗人以诗写下遗嘱，是诗人伟大的爱国主义精神最集中的体现。语言虽朴素平淡，但表达的是他一生心愿，倾吐的是他满腔悲愤，留下的是对后人的满腔爱国情。该诗作为诗人漫长生命中的最后呐喊，千百年来，激励着无数为祖国命运奋斗的仁人志士，在国家危亡、民族生死存亡时，往往能从中汲取精神的力量。

爱国，是千百年来巩固起来对自己祖国的最深厚的情感。热爱山河，不忘历史，关心社会，危难挺身，等等，亦是爱国。爱国主义是中华民族精神的内核，是中华儿女最伟大的情操和品德。从屈原的"亦余心之所善兮，虽九死其犹未悔"，到范仲淹的"先天下之忧而忧，后天下之乐而乐"，到文天祥的"人生自古谁无死，留取丹心照汗青"，到顾炎武"天下兴亡，匹夫有责"，到周恩来的"为中华之崛起而读书"，爱国一脉相承，绵延不绝。爱国为公民的第一品质。爱国主义精神维系着国家统一和民族团结，长期激励着仁人志士奋发有为。《示儿》绝命诗，既是陆游临终遗嘱，也是陆游毕生心愿。赍志以殁凛然气，薪火相传爱国情。执着、深沉、热烈、真挚！

[释例]

拳拳爱国心

诗人生于南宋季世，目睹山河破碎，其感激悲愤、忠君爱国之忧，一寓于诗。其诗多表达他对祖国的热爱，可通过对比阅读爱国诗，体会诗人爱国情。

三首诗对比读，《十一月四日风雨大作》《秋夜将晓出篱门迎凉有感》和《示儿》。《十一月四日风雨大作》以"思"为诗眼，写垂暮之年虽"僵卧"孤村却梦回沙场，渴望实现杀敌报国的理想；《秋夜将晓出篱门迎凉有感》以"望"为诗眼，写出了希望、失望而终不绝望的深沉心声，苍凉悲愤，令人振奋；《示儿》以"悲"为诗眼，希望听到击退金兵、国家统一的消息，但直到离世时仍是祖国山河破碎，百姓流离失所。

三首诗一样情，拳拳爱国心。《十一月四日风雨大作》：老病虽愈壮志在，马革裹尸沙场梦；《秋夜将晓出篱门迎凉有感》：一把心酸移民泪，无限愤慨王师来；《示儿》：赍志以殁凛然气，薪火相传爱国情。

参考文献：

刘娟. 读陆游诗品爱国情怀［J］. 北方文学，2018（18）：44.

悯农

[唐] 李绅

锄禾①日当午②，汗滴禾下土。
谁知盘中餐，粒粒皆辛苦？

[释题]

《悯农二首》是李绅早期诗作，诗写关注民生。第一首为："春种一粒粟，秋收万颗子。四海无闲田，农夫犹饿死。"这是第二首，通过描写农民的辛勤劳动，教育人们要爱惜粮食，珍惜农民的劳动成果，表达诗人无限的愤懑和真挚的同情。

[注释]

李绅（772—864），字公垂，无锡（今属江苏）人。元和进士，与元稹、白居易交游甚密，为新乐府运动的倡导者和参与者。
①锄禾：在禾地里锄（草）。
②当午：正当正午时分。

[释意]

"悯"农之情自在其中

李绅因《悯农》诗而被誉为"悯农诗人"，诗作体现了诗人的"悯"农之情，感叹农事的艰辛，同情农作的辛苦，要爱惜粮食和珍惜劳动成果，同时也愤懑素餐者不知稼穑之艰难。

一是感叹农事的艰辛和同情农作的辛苦。"锄禾日当午，汗滴禾下土"，农作不易，农民辛苦，烈日当空，农民依然在田地劳作，一滴滴的汗珠洒在灼热的土地里，衬托出由"一粒粟"到"万颗子"的艰辛，粮食成果是农民用汗水浇灌出来的。

二是要爱惜粮食和珍惜劳动成果，同时愤懑素餐者不知稼穑之艰难。"谁知盘中餐，粒粒皆辛苦？"

以"盘中"映照田间，以粒粒饭映照滴滴汗，说明劳动成果得来是不易的，要懂得辛勤劳作的意义。"谁知"冷然一问，深责膏粱子弟、尸位素餐者不知稼穑之难，含蕴特深。

[释例]

以"滴滴汗"映照"粒粒饭"

——以林志芳《悯农》教学实录及评析为主

巧解"悯"字，审题入诗。"悯"字奠定全诗情感基调。字理识字，以"悯"解题，"忄"表示心情，因此"悯"也是悲伤、同情之意。

学习"锄禾"，理解诗情。移情体验，丰富感悟。联系学生的实际生活，回忆夏日"日当午"自己的活动，与农民的生活形成对比，初步体会农民劳动的艰辛。品味"汗滴禾下土"之意韵。用"滴"字打开学生的想象空间，教师与学生化身农民，身临其境，模仿"锄禾"的动作，左一锄，右一锄，边锄边吟诗，感受"汗滴"动态的神韵。禾苗以农民的滴滴汗作为养料，滋润禾苗成长，灌溉了农民劳动的心血。品味"粒粒饭"皆为农民"滴滴汗"辛勤孕育的结果，体会诗人对农民深切的同情与关怀。启发学生由"悯农"到"敬农"的情感升华。尊重农民，粮食来之不易，珍惜农民的劳动成果，感悟光盘行动的意义，美好的生活需要靠自己的双手创造。

参考文献：

孙双金，林志芳. 谁知盘中餐粒粒皆辛苦：《悯农》教学实录及评析 [J]. 小学教学（语文版），2017（Z1）：23-26.

再经胡城县

［唐］杜荀鹤

去岁曾经此县城，县民无口不冤声。
今来县宰①加朱绂②，便是生灵血染成③。

［释题］

这是一首揭露黑暗统治的政治讽刺诗。此诗记述了诗人两次经过胡城县的见闻及感慨，第一次百姓冤声四起，讽刺了封建统治者残民以逞的本质；第二次只见四处生灵涂炭，揭露了封建社会制度的黑暗腐朽。

［注释］

杜荀鹤（846—904），字彦之，号九华山人，池州石埭（今安徽石台）人。出身寒微，其诗语言通俗、风格清新，后人称"杜荀鹤体"。

胡城县，唐时县名，故址在今安徽阜阳县西北。

①县宰：县令。

②朱绂（fú）：红色的官服。

③生灵：民众。

［释意］

朱绂上附着的冤魂

记录现实，揭露罪恶，抨击封建统治者残暴不仁。这些人鲜红的官服和系官服的红缨，都是用无辜百姓的鲜血染红的，可谓"真实地再现典型环境中的典型人物"。

一是选材的典型性。"县宰"的"朱绂"就是"生灵血染成"，既如此，为何"县民无口不冤声"？便也是"县宰"一手造成的。"县宰"的"朱绂"和民众的鲜血，两种颜色相同，而性质不一样的事物联系起来揭示了二者的因果关系，县官贪赃枉法、涂炭生灵、劣迹昭著，本应受到严厉打击、严厉惩罚，但朝廷非但不降罪，反而加官晋爵，深刻无比地暴露出封建统治者残暴不仁的本质。在劣迹与高升的强烈而鲜明的对比中，诗人不仅鞭挞了县官的罪恶，而且也把谴责的锋芒指向了封建最高统治集团，颇具反抗意识。

二是故事的真实性。这种滥杀无辜的罪恶行径，不是源于道听途说，而是自己前后两次在胡城县的所见所闻。千真万确的生活现实，不由你不信。《老残游记》中山东巡抚玉贤因害民升官的诗句"血染顶珠红"便是从这首诗的最后一句脱化而出的，所以，谁又说得清那些封建官吏鲜红的朱绂上究竟附着多少冤魂？

[释例]

揭露罪恶，鞭挞现实

恩格斯致玛·哈克奈斯的信中，谈到小说创作问题，说："据我看来，现实主义的意思是，除细节真实之外，还要真实地再现典型环境中的典型人物。"这个精辟的见解，明确了现实主义的作用和意义，《再经胡城县》亦可谓"现实主义"的经典之作。

批判主题。深刻揭露了封建统治者戕害百姓的罪行，表达了对当权者的怨愤、谴责及对百姓的深切同情。"血染顶珠红"的社会现实并不是传说，是生灵涂炭的写照。

对比手法。对比鲜明。描述了胡城县官吏与百姓截然不同的生活境况，百姓流血，官员升迁，突出了百姓生活的艰辛悲惨和贪官酷吏的残忍以及官场的污浊。对比强烈。两次见闻有变化却残暴依旧，一个"曾"字道出了老百姓的水深火热，"再经"时已是生灵涂炭却县令升官。

悖常逻辑。将县宰朱绂与"生灵血"相联系，颜色相同却性质完全不一致，诗人却发现秘密，二者有着某种因果关系，顶戴花翎血染成，紫袍朱绂尽冤魂。

江上渔者①

［宋］范仲淹

江上往来人，但②爱鲈鱼③美。

君看一叶舟，出没风波里。

［释题］

范仲淹自幼生长在松江边上，对游客慕名来吃鲈鱼这一情况知之甚深。作者于仁宗景祐元年（1034）四月被贬到睦州（桐庐）作此诗。全诗通过反映渔民劳作的艰苦，希望唤起人们对民生疾苦的注意，体现了诗人对劳动人民的同情。

［注释］

范仲淹（989—1052），字希文，吴县（今属江苏苏州）人。北宋初年政治家、文学家。庆历三年（1043）任参知政事，与富弼、欧阳修等推行新政，卒谥文正。工诗文，晚年作《岳阳楼记》最为传诵。

①渔者：捕鱼的人。

②但：只。如："空山不见人，但闻人语响"。

③鲈鱼：一种肉嫩味美的鱼，苏州一带多有。鲈鱼以江苏松江（今吴淞江）四腮鲈最为知名。

［释意］

两种人的生活比对

此首小诗语言朴实、形象生动，而对比强烈、耐人寻味，以平常的语言、平常的人物和事物，来表达不平常的思想情感，可谓言浅意深，于两种人的生活状态进行强烈对比，含蓄深刻。

生活中两种人的生活对比，尖锐而深刻。如"朱门酒肉臭，路有冻死骨"

（杜甫），朱门内外，一生一死，一荣一枯，一乐一衰，两个截然不同的世界，阶级对立，贫富悬殊；"一丛深色花，十户中人赋"（白居易），尖锐地反映了剥削者与被剥削者的矛盾；"遍身罗绮者，不是养蚕人"（张俞），蚕妇的悲痛，是对封建社会不合理的分配制度的控诉；"十指不沾泥，鳞鳞居大厦"（梅尧臣），陶者屋无片瓦和剥削者身居大厦形成鲜明对比，于不合理制度进行强烈讽刺。

"可怜屋里与屋外，相隔只有一层纸！"（刘半农）老爷和叫花子，身处两个反差极大的场景，对比鲜明，不平等明显，愤怒之情高涨。

[释例]

惊险之渔

激趣赏读，品味鲈鱼之美。以诗解诗，关联诗句，"春酒香熟鲈鱼美，谁同罪？"（李珣《南乡子·云带雨》）。披文入境，让学生展开想象，通过吟诵、表演的方式感受江上往来人嬉笑喧哗、争夺鲜美鲈鱼的欣喜忘形。

以诗作画，体会惊险之渔。以"一叶舟""出没""风波"想象渔夫在惊涛骇浪中随风飘荡的场景，教师与学生化身渔夫，身临其境，体会"人命危浅，朝不虑夕"的惊险之渔。

对比情境，体会诗情。"江上"与"风波"两种环境对比，一个安逸热闹，一个惊险孤寂。"往来"与"出没"两种动态强烈对比，江上往来之人还有"往来"之时，但渔民"出没"之间就可能会丧命。以"君看一叶舟"为启发，换位思考，丰富情感体验。化身渔民，体会渔民为生活所迫的艰辛。化身诗人，体会诗人"先天下之忧而忧，后天下之乐而乐"的悲悯情怀。化身读者，体会对"往来人"规劝之深意，尊重劳动人民，珍惜劳动成果。

参考文献：

刘文芬，徐祖权 . 入境体情 熟读成诵——《江上渔者》教学赏析［J］. 湖北教育（教育教学），2001（17）：31-32.

题临安①邸②

［宋］ 林升

山外青山楼外楼，西湖歌舞几时休？
暖风③熏得游人④醉，直把杭州作汴州⑤。

［释题］

全诗构思巧妙，措辞精当，冷言冷语的讽刺，偏从热闹的场面写起，愤慨已极，却不作谩骂之语。

［注释］

林升，宋孝宗淳熙间临安一位士子，生平无考。

①临安：当时的南宋都城。今指浙江杭州。

②邸：旅店。

③暖风：春风。这里指社会上的淫靡之风。

④游人：特指那些苟且偷安，享乐游逛的达官显宦。

⑤汴州：隋唐为汴州，北宋都城此，称汴梁、汴京，今河南开封。

［释意］

忧国忧民的理性思考

这首诗是"忧国忧民的理性思考"（康震）。"西湖歌舞几时休？"这是林升发出忧国忧民的理性思考，也是振聋发聩的质问。

一有面对中原破碎萧条之悲愤。祖国大好河山已经沦陷六十余年，"遗民泪尽胡尘里"，南宋小朝廷却偏安一隅，不思恢复，实则令人痛彻心扉！

二有面对权贵醉生梦死之激愤。遗民还在金兵的铁蹄下呻吟，君臣却"直把杭州作汴州"，恬不知耻，大兴土木，沉酣歌舞，荒淫无度，重蹈北宋灭亡的覆辙。祖国的大好河山还会继续沦陷，一想到此，诗人不得不对南宋统治者发出激愤的怒斥。

三有面对故土无人收拾之义愤。楚虽三户能亡秦，岂能堂堂中国空无人！遗民还在年复一年地"南望王师"，而骄奢淫逸之风消磨着当权者的意志和信念，哪里还有王师北定中原之日？"西湖歌舞几时休"是诗人愤慨至极的痛斥。

[释例]

以"权贵之醉"衬"遗民之泪"，激发悲愤

——读古诗两首《题临安邸》《秋夜将晓出篱门迎凉有感》教学录评有感

这首诗运用了情境对比的写法，教学时，捉住"醉""作""问"三个关键词，采用情境对比的方法展开教学，体悟诗人的悲愤之情。

对比参读，把握诗境。以《秋夜将晓出篱门迎凉有感》中"遗民苦盼"与此诗"权贵寻欢"的情境对比，以权贵之醉衬遗民之泪，令人悲愤。形象、情景、氛围的强烈反差，震撼人心，奠定了忧愤的情感基调。

抓住"醉"字，融情想象。让学生身临其境，感受权贵的骄奢淫逸、醉生梦死的生活。以中原"遗民苦盼"与"权贵寻欢"作比，引出"西湖歌舞几时休"的怒斥，体会诗人对权贵醉生梦死之激愤，聊发故土无人收拾、遗民无人解救之义愤。

抓住"作"字，含情解说。以昔日"汴州之繁华"与今天"国破萧条"之景对比，让学生感知触目惊心，祖国的大好河山终将为这些酒囊饭袋所沦陷，国难当头，重蹈覆辙，岂不可悲？怎能不恨？

抓住"问"字，激情诵读。感同身受，由质问到怒斥，再到痛斥，层层递进，体会诗人忧国忧民的悲愤之情。

参考文献：

王自文（执教），王崧舟（评点）．古诗两首《题临安邸》《秋夜将晓出篱门迎凉有感》教学录评［J］．语文教学通讯（小学），2010（07）：33-37.

（二）感时喟世诗

岁月不居，时节如流。感时，是一个古老话题，孔子曰："逝者如斯夫，不舍昼夜！"生命在岁月的河流中流淌。喟世，屈原感叹世风日下，清浊难辨："世溷浊而嫉贤兮，好蔽美而称恶。"李白慨叹世道艰难，抱负难展："行路难！行路难！多歧路，今安在？"感时喟世诗共 14 首，其中《元日》《寒食》《清明》等 6 首为感时诗，于传统佳节感悟人生，《春日偶成》《夏日绝句》《秋词》等 8 首为喟世诗，于生活刹那遭际感动生命。

感时诗，主要是传统佳节之际。传统佳节，既是欢愉之时，也是落寂之时，既是浪漫所在，也是感伤的由来，既有节日的欢庆，也有欢庆之余的惆怅，在无限的狂欢之中生无端的愁怨。

喟世诗，主要是生命感动之时。既有"四时"荣衰感触，也有"刹那"之哀乐遭际，既有生命之偶遇欣喜，也有生活之沉着痛楚。

元日①

[宋] 王安石

爆竹声中一岁除②，春风送暖入屠苏③。
千门万户曈曈日④，总把新桃换旧符⑤。

[释题]

传统节日春节，除旧布新。一元复始，万象更新。诗写春节热闹欢乐景象，抒发了诗人进行革新政治的热烈感情和积极向上的奋发精神。

[注释]

王安石（1021—1086），字介甫，晚号半山，临川（今江西抚州）人。北宋政治改革家，曾两任宰相，主张变法，被列宁称为"中国11世纪时的改革家"。为文雄健峭拔，为"唐宋八大家"之一。诗遒劲清新。

①元日，农历正月初一，即春节。

②爆竹：山家于除夕烧竹，竹爆裂之声使魑闻声畏懼而远避。后来演变成放鞭炮。

③屠苏：酒名，用屠苏草浸过的酒，古代风俗，农历正月初一，家家户户饮屠苏酒庆贺新年，秩序是先幼后长。

④曈曈（tóng）：日欲明也，指日出时光亮而温暖的样子。此写每家挂门前的长明灯。

⑤桃符：古时风俗，每到春节，用桃木板分别刻上神荼、郁垒两神的文字图形（称符）。后来发展成为春联。

[释意]

"除旧布新" 施改革

此诗作于1069年，作者初拜相（任参知政事）而始行己之新政时，诗写出了"中国 11 世纪时的改革家"（列宁）的气魄与胸襟。

"爆竹声中一岁除，春风送暖入屠苏"，着眼局部，改革进行时。燃爆竹以驱鬼，饮屠苏以避瘟，通过放爆竹、饮屠苏送走旧的一年，喜迎新春；暗示着改革中排除一切障碍和阻力，改革有魄力。

"千门万户曈曈日，总把新桃换旧符"，强调全体，改革成效际。千家万户在新春佳节点长明灯以祈福，用新桃符换下旧桃符这一动作表现出新春佳节人们辞旧迎新，迎接新生活的喜悦。改革亦如此，除旧布新，鼎新革故，蕴含着新的事物必将取代旧事物的历史规律。

［释例］

亲近春节习俗

充分挖掘古诗中的民俗文化元素，有利于提升学生的综合素养，增强学生的民族文化认同感。《元日》诗可亲近四种春节习俗：

一是放鞭炮。春节俗称过年，有习俗守岁。据传，"年"为上古野兽，除夕会出来吃人，但它怕声响和红光，于是人们烧竹以爆声驱赶"年"，或是贴红色门联驱赶，是谓躲过"年"。而岁属天上星宿，有灾星之称，除夕出现频率最高，为避灾人们围堂等着岁星划过，是谓守"岁"，为激励小孩参加守岁，实行在门后、墙角、床脚安放"压岁钱"。

二是敬酒。一般敬酒，讲究以"爵、齿、德"为准，首先敬长者；而屠苏酒例外，实行先幼后长，祝贺小朋友"又长大了一岁"，也暗示着长者"又老了一岁"。

三是挂灯笼。即除夕每家每户要点长明灯，一燃上就不能吹灭，直到油尽、烛终自行熄灭，以示灯火辉煌。后成为挂灯笼习俗。

四是贴春联。张挂桃符，刻写神荼、郁垒图案，以压邪避瘟。后发展为贴春联。

参考文献：

王红. 在组诗的比较阅读中亲近民俗文化——以三年级下册《元日》《清明》的教学为例［J］. 教学月刊小学版（语文），2020（Z1）：58-60.

寒食①

[唐] 韩翃

春城无处不飞花②，寒食东风御柳斜③。
日暮汉宫传蜡烛④，轻烟散入五侯家⑤。

[释题]

传统节日寒食，禁火寄思。祭祀拜祖，泽沾祖德。诗写寒食节长安城白昼风光及夜间景致，却蕴藏着无限的社会思考意义。

[注释]

韩翃，生卒年不详，字君平，南阳（今河南）人。天宝进士，官至中书舍人。"大历十才子"之一，其诗笔法轻巧，写景别致。

①寒食，清明前两天，于寒食前后禁火三天，只吃冷食，故名寒食。为了纪念春秋时晋国大夫介子推因自焚而死，禁火以寄哀思，后慢慢融入清明节。

②春城：春日的长安城。

③御柳：皇帝御花园里的柳树。

④汉宫：指唐朝皇宫。唐朝诗人习惯以汉代唐。

⑤五侯：这里指皇帝的亲近权贵。一说是东汉桓帝时宦官单超等同日封侯的五人，一说是西汉成帝封诸舅王谭等五人为侯。

[释意]

以清丽之笔写承平气象

俞陛云《诗境浅说》说此诗："以清丽之笔写承平气象，宜一时传诵也。"轻灵之笔，描绘了寒食节春城内宫苑的富丽祥和之景。

前两句写长安城白昼风光。首句言处处飞花，见春城之富丽也。"飞"是本首诗的诗眼，以有形的飞花描绘出了无形的春风之姿。寒食节处于晚春时期，正是"草木知春不久归，百般红紫斗芳菲"之时。"春城无处不飞花"把春日长安城春深如海，飞花扑面的景象描绘得惟妙惟肖，如同身临其境。"飞花""柳斜"写出了长安城花开的壮阔和春风的轻盈之姿。

后两句写长安城夜间景致。"日暮"是转折，写赐火用一"传"字，好一幅中官走马传烛图，不但状出动态，而且意味着挨个赐予，可见封建等级之森严。本诗的场景随着四个动词"飞""斜""传""散"，从长安城转换到皇宫禁院，又从皇宫禁院转换到五侯之家。场景转换得轻灵跳脱，神采飞扬，而统领这些场景转换的力量正是来自"东风"，是"东风"让花飞，让柳斜，让烟散。"东风"既来自自然，也来自皇帝，白日飞花，夜晚飞烟。

[释例]

体味寒食习俗

寒食清明旨在慎终追远，寒食风俗历史悠久，禁火吃冷食，以纪念介子推，后来又有祭祖寄思、宴游踏青等活动。了解寒食习俗，丰富情感体验。让学生能够从中热爱生活，充实生命以及体会人生。

品读"飞"与"斜"，感受春风之姿。比较体会"飞花"之妙。"花"会"开"会"落"，如何得"飞"？暮春时节，袅袅东风中柳絮飞舞，落红无数，以有形的飞花飘絮描绘出了轻盈的春风之姿。"斜"字生动地写出了柳枝在春风吹拂下的摇曳之神。不说"处处"而说"无处不"，一双重否定构成肯定，表达效果更强烈。

品读"传"与"散"，感受贵族之祥瑞。教学时，通过吟唱诵读的方式，让学生自由想象帝王之家"走马传烛"的场景，身临其境，如见蜡烛之光，如闻轻烟之味。"东风"既来自自然，也来自皇帝，真是春风浩荡，皇恩浩荡！

参考文献：

孙红波．读传统节日，品诗人深情——统编教材六下《古诗三首》教学设计（第一课时）[J]．新教师，2021（02）：91-92.

清明①

［唐］杜牧

清明时节雨纷纷②，路上行人欲断魂③。
借问酒家何处有④，牧童遥指杏花村。

［释题］

传统节日清明，踏青祭祖。缅怀思念，慎终追远。诗写清明时江南细雨景致，凄迷间自带一份俊逸之气。小诗清新明快，语言通俗含蓄。

［注释］

杜牧（803—852），字牧之，京兆万年（今陕西西安）人，与李商隐并称"小李杜"。写景抒情小诗，多清丽生动。

①清明，清明为二十四节气之一，与寒食节、上巳节时日相近，在阳历四月五日前后，旧俗当天有扫墓、踏青、插柳等活动。

②纷纷：众多，形容雨雪、花叶飘落的样子。如"北风吹雁雪纷纷"。

③欲：时间副词，将要。如许浑诗句："山雨欲来风满楼。"

④借问：请问。如李白诗句："借问汉宫谁得似，可怜飞燕倚新妆。"

［释意］

此作宛然入画

"此作宛然入画"（明代谢榛《四溟诗话》），写江南清明细雨，诗属断魂诗，画是清新画，描绘了清明的画境、画景和画情。

"雨纷纷"画境。虽是柳绿花红、春光明媚的时节，清明这日却细雨纷纷，犹如"天街小雨润如酥"（韩愈），直堪入画。"雨纷纷"既描摹了春雨迷蒙、绵延缱绻的早春情状，又将诗人悒悒不乐的心境呈现，传达出了那柳绿花红、迷离明媚的诗情画意。

"遥指"画景。"牧童遥指杏花村"，画面感十足，有问有答，人物形象鲜明，对话融洽，较"路人借问遥招手"（胡令能）多一份回答和指示，不只是摇手示意不明画意。

"欲断魂"画情。"欲断魂"将路上行人在春雨蒙蒙中只身赶路的画面描摹而出，使人触景生情，恰逢这细雨纷纷，让人衣衫湿透，未免又徒增几分愁绪，存"细雨骑驴入剑门"之消魂。

[释例]

宛然入画　气格亦高

以"纷纷"画面为例，既形容了春雨迷蒙的缱绻意境，也将行路者的迷离心境刻写。教学中可从以下几个方面赏析诗歌的绘画美。

一是色彩美。清明时节的绵绵细雨，为全诗增添了一种凄清的色彩，又展示着"天街小雨润如酥"的柳绿花红、春光明媚之彩。教学时可通过雨的状态来感受色彩。

二是形象美。有泪洒坟茔，眼泪纷纷下落，恰似这绵延不断的雨丝；有行人赶路，在春雨蒙蒙中只身赶路的形象，让人衣衫湿透，未免又徒增几分愁绪；有躲雨问路，热心可爱的牧童形象呼之欲出，直接指路叮咛。教学时，可通过想象路上行人面对"雨纷纷"的心理和行为进行刻画形象。

三是意境美。可理解行人遇上纷纷细雨愈加纷乱迷离的淡淡愁绪，体会那种情境。行人因清明时分而渐生忧愁，这细雨纷纷又增添愁绪，为解愁而欲寻酒家，故问牧童酒家何处有，最终寻得杏花村。牧童摇指的动作，生动灵活，与行人"欲断魂"形成鲜明对比，情味深厚，给行人以心理的慰藉，升华了主题。

参考文献：

孙孟明. 宛然入画 气格亦高——杜牧《清明》艺术构思管窥［J］. 修辞学习，1996（06）：34-35.

端午^①

［唐］ 文秀

节分端午自谁言^②，万古传闻为屈原^③。
堪笑楚江空渺渺^④，不能洗得直臣冤^⑤。

[释题]

传统节日端午，祭祀屈子。趋瘟祛病，祈求健康。此诗追忆屈原，伤其冤死，表达了对屈原的同情和对君臣昏庸的鞭挞。

[注释]

文秀，生卒年不详，江南诗僧。昭宗时居长安，为文章供奉。与郑谷、齐己为诗友。

①端午，农历五月初五。公元前278年农历五月初五，秦军攻破楚国郢都，屈原闻讯，投汨罗江而死。于是，每年的五月初五，就有了龙舟竞渡、吃粽子、喝雄黄酒的风俗，纪念爱国诗人屈原。

②自：介词，从。如《论语》："有朋自远方来，不亦乐乎?"

③屈原：公元前340—前278，战国时代楚国政治家、诗人。芈姓，屈氏，名平，字原，生于楚国丹阳（今湖北秭归），楚怀王时任左徒、三闾大夫，提倡"美政"，因遭贵族排挤毁谤，被先后流放至汉北和沅湘流域，楚败于秦，郢都失陷后，自沉汨罗江。中国历史上第一位伟大的爱国诗人，中国浪漫主义文学的奠基人。

④楚江：战国时期楚国境内的江河，此处指汨罗江。

⑤直臣：正直之臣，此处指屈原。

[释意]

忧国忧民的爱国主义精神

王夫之称赞屈原为"千古独绝之忠"，这种"忠"，重在忠于国家，忠于人民，忠于自我。

屈原之死，对外，是忧国忧民，舍生取义的爱国主义精神的体现。君昏国危，奸邪误国，人民困苦，屈原的从容就义是为了唤醒昏聩的楚王，警醒楚国民众。其所忧的是一国一族，而非一君一姓，其冤一以君国为心，其哀一以民生为念。屈原之死是因为他始终放不下忧国忧民的情怀，更具忠贞报国的时代精神。

对内，是其刚正高洁人格风貌的展示。"亦余心之所善兮，虽九死其犹未悔。"屈原虽死，却坚守住了正直的品行，清白的气节，他坚持理想信念，至死不泯其志，不亏其节。"伏清白以死直兮"，一个"直"字是对其高洁人格的高度概括，"其志洁"，故称其物芳，"其行廉"，故死而不容。

[释例]

品诗意端午　颂家国情怀

品读端午诗作，体会屈原情结，在经典导读中积淀文化传统。

首先，游戏导入解诗题。以图片导入传统节日，如中秋、元宵、端午，解读端午习俗；再以微视频《屈原》了解屈原，阐释端午与屈原的意义。

其次，划分节奏读韵律。配乐诵读，理解七言诗二二三节奏，读明韵脚，读准字音和读清节奏。

再次，根据注释明诗意。学会运用注释来弄懂诗意，理解诗情情感。

最后，想象画面诵诗情。通过想象画面，把体会到的情感融入诵读，语气要激昂，读出悲伤和愤怒之情。

学以致用，仿写诗句；经典积累，感知楚辞。

参考文献：

成冰.《端午》国学经典导读课教学实录［J］.小学语文教学，2019（02）：6-7.

乞巧①

[唐] 林杰

七夕今宵看碧霄②，牵牛织女渡河桥③。
家家乞巧望秋月，穿尽红丝几万条④。

[释题]

传统节日七夕，少女乞巧。不离不弃，恩爱偕老。通过描写民间七夕乞巧盛况，表达了少女们乞取智巧、追求幸福的美好心愿。

[注释]

林杰（831—847），字智周，福建人，自幼聪慧过人，六岁能赋诗，下笔即成章，又精书法棋艺。死时年仅十六岁，《全唐诗》存其诗两首。

①乞巧，农历七月初七，又名七夕。旧时风俗，七夕的民间活动主要是乞巧，所谓乞巧，就是向织女乞求一双巧手的意思，乞巧最普遍的方式是对月穿针，如果线从针孔穿过，就叫得巧。

②碧霄：浩瀚无际的天空。

③河桥：河，指银河；桥，指鹊桥。

④几万条：虚指，比喻多。

[释意]

借"乞巧"抒情

所谓乞巧，即七夕夜向织女乞求一双巧手，从而能对月穿针，若线从针孔穿过就叫得巧。乞巧以牛郎织女传说为载体，期望获得美满婚姻，恪守对爱的承诺，也表达着男女之间不离不弃、白头偕老的情感。随着时间演变，七夕逐渐成为中国情人节。

"七夕今宵看碧霄，牵牛织女渡河桥"，述牛郎织女故事，追求美满爱情。

一年一度的七夕又来到了，家家户户的人们纷纷情不自禁地抬头仰望浩瀚的天空，因为这一美丽的传说牵动了一颗颗善良美好的心灵，唤起人们美好的愿望和丰富的想象。

"家家乞巧望秋月，穿尽红丝几万条"，绘女儿穿针乞巧，表达美好心愿。将乞巧事简明扼要地描绘得形象生动，表达了少女们乞取智巧、追求幸福的美好心愿。

[释例]

妙解"乞巧"

巧妙地解题切入。从读题、解题、质疑开始，给学生一个释题的方法。在读题后，让他们先查字典理解"乞"的意思为"向人讨乞"后，猜想提问会"向谁讨、讨什么"。在理解了题目的字义后，让学生质疑——再读题目，心中有什么疑问，学生会提问，"什么时候乞巧？谁乞巧？在什么地方乞巧？向谁乞巧？怎样乞巧"？这样就从题目入手，激发学习动机，而后教师顺学而导，让学生带着问题，读诗思考。

巧妙地引导感悟。读题质疑，带着疑问读诗，边读边思。用"你从古诗中读懂了什么"这样的中心问题展开交流，边读边悟，读中想象，读中品味，这样的流程设计完全不同于以往"就诗论诗解诗"的古诗教学。

巧妙串讲"画面"。理解整首诗的意思，在交流完四句诗的学习收获后，引领学生们齐读，想象画面，说说"你仿佛看到了什么？"引领学生说出一个个画面，串讲诗意。教学中，学生会把一个个画面分开来讲述，教师要引导"把这些画面组合起来，想想是怎样一个场面？"然后把这个美丽的故事给大家讲讲。

参考文献：

许军红. 巧妙"乞巧"让古诗教学散发春的绿意［J］. 文理导航（上旬），2010（07）：45.

十五夜望月

［唐］王建

中庭①地白②树栖鸦，冷露无声湿桂花③。
今夜月明人尽望，不知秋思落谁家。

［释题］

传统节日中秋，祝福团圆。拜月赏月，庆祝幸福。诗歌描绘了中秋之夜望月怀人的心情，展现了一幅寂寥、冷清、沉静的中秋月夜图。

［注释］

王建（约767—约830），字仲初，关辅（今属陕西）人。出身寒微，大历进士。擅长乐府，与张籍齐名，世称"张王"乐府。

中秋，起源于古代秋季祭祀土地神的活动，农历八月十五是秋季收获的季节，每家每户都要祭拜土地神灵，望月祭拜，感谢土地母亲对人类的慷慨无私馈赠。所以，敬拜、谢母、团圆以及和谐为中秋主题。

①中庭：庭院中。
②地白：地上铺着白霜，此说月光洁白。
③冷露：秋天的露水。

［释意］

婉转天丽，令人罕能及

杨元诚《玄烟过眼续录》评价此诗："极其婉转天丽，令人罕能及。"天丽处，月光柔美，月色溶溶，玉宇银辉在；婉转处，情深无极，秋思浓浓，痴念无着处。

月色柔美，清幽皓洁。"地白"之夜，"地白"给人以积水莹澈、透明空灵之感，渲染了一种清丽而优美的氛围。"树栖鸦"之静，通过听觉的感知来写鸦鹊的活动，由其喧闹至安静，衬托了月夜的幽静宁和。

思念浓郁，蕴藉深沉。秋思渐浓，感怀秋意，思情怀人，却是各有不同。诗人在此用较委婉的语气倾诉其思念之情，分明是自己在思念，却说"秋思落谁家"，这份情思，蕴藉而内敛，情深又意切。一个"落"字，更显新颖特别，给人以动之感觉，仿若那份秋思随同月之清辉飘坠人间。

诗人运用形象的语言、丰美的想象，渲染了中秋望月的特定的环境气氛，把读者带进一个月明人远、思深情长的意境，加上一个唱叹有神、悠然不尽的结尾，将别离思聚的情意，表现得委婉动人。

［释例］

景清幽，思深切

此诗可从诗、画、情三个方面开展教学，品析明月意象，体会清幽寂寥之美，抓住"落"字体会诗人思念友人之深切，欣赏清幽之月与深切之思构成一幅月夜情思图。

由"诗"入"画"。学生调动听觉与视觉等体会别样的画面美。"中庭地白"，从视觉上所见所感秋意渐浓，秋深露重，让人仿若看到月光如薄纱般笼罩着大地万物，给人以积水澄明、雅静素洁之感，体味这清丽的意境之美。"树栖鸦"，以听觉的角度切入，林荫中，鸦鹊的聒噪声渐渐消停下来，诗人的内心也跟着宁静平和。"桂花"，也触发了嗅觉，让人感受那淡淡的幽香。引导学生展开丰富联想，感受一种清幽寂寥的美。

由"画"牵"情"。在这寂寥的月夜，诗人不知道在思念着谁？教学时抓住动词寻找对象。如"落"字给人以缓慢而无声的美感，将诗人思念友人之切顷刻点出。

由"情"绘"画"。纵观全诗，这一幅月夜思情图确实让人感怀其中，感受到一份诗意之美。

参考文献：

张奕，吴妮娜．三重设计：聚焦活动明操作——以六下《十五夜望月》教学为例［J］．小学教学设计，2020（Z1）：104-106.

春日偶成

[宋] 程颢

云淡风轻近午天①，傍②花随③柳过前川。

时人不识余心乐，将④谓偷闲学少年。

[释题]

诗写风和日丽的春日景色，抒发了春日郊游的愉快心情。诗歌风格平易自然，语言浅近通俗。

[注释]

程颢（1032—1085），字伯淳，世称明道先生，洛阳（今河南洛阳）人。北宋著名理学家，与其弟程颐合称"二程"。

①午天：指中午的太阳。

②傍：靠近，依靠。如《木兰诗》："双兔傍地走。"

③随：跟随。如杜甫诗句："随风潜入夜，润物细无声。"

④将：副词，就要，可理解为"于是"。

[释意]

岂止少年能识春

前两句写景抒情。明丽和煦的春色。诗人在春天时节外出郊游，天空晴朗，白云飘飘，微风荡荡，所见鲜花艳丽，绿柳多姿，春景让人着迷。流连忘返的心情。诗人怡然自得，不知不觉已经从早上散步到了中午。一路上穿梭于花丛之中，沿着柳树漫步，"近午天"和"过前川"表明诗人醉心于这风和日丽、草长莺飞的春色中而忽略时间的流逝。

后两句明性说理。释放内心自然天性。在春光明媚、花团锦簇的春日中，陶冶性情本是一件怡然自得的事情，但在扼杀人们心灵的封建朝代，这似乎是少年干的事，而长者为捍卫"长者为尊"的威严，应该端然危坐，刻板严肃才是。诗人随性释放，有种"老夫聊发少年狂"感觉，享受春光，返老还童。阐释生活情致理趣。诗人在不自觉中表达了理学家观点，追求平淡自然，保持一种不急不躁的修身养性，同时也体现着一种闲适恬静的意境。

[释例]

春日乐景
—— 以李泽林《例谈对古诗的多元解读》为例

只有课前的多元解读、深层次对话，才可能有课堂上的挥洒自如、灵动生成。李老师以《江南春》《春日偶成》《小池》《小儿垂钓》四首诗为例，从编者视角、诗眼视角、文化视角和学情视角来进行解读和教学。

一是从编者视角来解读。春天和儿童（少年）主题，明确编者意图。

二是从诗眼视角来解读。《春日偶成》以"乐"为诗眼，"乐"字贯穿全诗。教学时应从人物、事件和原因三方面入手展开教学。诗中是谁在乐？乐什么？以及为什么乐？最后从"乐"中体会诗人所要表达的思想感情。诗人因为在春日郊游时感受到了春天洋溢的勃勃生机而"乐"；为千姿百态的白云而"乐"、为柔和的微风而"乐"、为姹紫嫣红的花朵而"乐"、为随风飘荡的柳树而"乐"、为偷得浮生半日闲而"乐"，更为了这生机勃勃的春色而"乐"。

三是从文化视角来解读。作者是宋代著名的理学家，他崇尚的是一种有着胸怀齐家治国平天下志向的"士"文化。《春日偶成》是一首从生生之机中体味"天理流行"之乐的诗，是一首反映其"生"的哲学及理学之游戏精神的诗。诗人从淡云、轻风、红花、绿柳等春日景物中抒发其春日郊游的愉悦心情，感悟理学中"心便是天"的哲理和"心平气和"的养性之道。

四是从学情视角来解读。基本以理解诗意、感受诗境、体会诗情三环节开展教学。

参考文献：

李泽林. 例谈对古诗的多元解读 [J]. 小学教学参考（语文版），2013（12）：71.

夏日绝句

［宋］李清照

生当作人杰①，死亦为鬼雄②。
至今思项羽③，不肯过江东。

［释题］

另题作《乌江》，既咏史，亦述志。此诗明咏项羽，实讽丈夫，暗刺南宋朝廷无能、苟安求存，表达了诗人高涨的爱国热情。

［注释］

李清照（1084—1151?），号易安居士，齐州章丘（今属山东）人。李格非女，赵明诚妻。词作婉约清丽，颇具情致。诗作留存不多。

①人杰：人中的豪杰。典出司马迁《史记·高祖本纪》，指张良、萧何和韩信"三杰"。

②鬼雄：鬼中的英雄。典出屈原《楚辞·九歌·国殇》："身既死兮神以灵，子魂魄兮为鬼雄。"

③项羽：西楚霸王，兵败垓下，自刎乌江，为失败英雄。

④江东：指长江芜湖下的长江下游南岸地区，项羽乃下相（今江苏宿迁）人，故属江东。皇帝坐北朝南，右手为西，左手为东，因而地理上以东为"左"，以西为"右"，如"江左"即江东，"陇右"即陇西，与今地图上方位相反。

［释意］

宁死不屈的民族精神

"'至今思项羽，不肯过江东'表示了一种身死而神不灭的斗争品格，这是在中华民族历史上非常宝贵的一种精神——宁死不屈的民族精神。"（王立群）诚然，项羽是英雄，也代表着一种不屈的民族精神。"至今思项羽，不肯过江东"，意蕴深沉，令人回味。

一是诗人自己对生死观、荣辱观的坦诚表白。当生死和名节二者不可兼得时，诗人表明"宁死不屈"的抉择。她说"至今思项羽"，可见她对项羽宁肯自裁以谢江东父老的行为，并非偶然想到，而是思之已久，甚至"至今"还在想象，还在思索。"不肯"既非"不能"，亦非"不想"，这是自愿的选择，体现出"士可杀而不可辱"的英雄气概，犹如长虹贯日，"生为人杰，死为鬼雄"的立论得到了充分证明。

二是借用项羽的典故，缅怀那种"死不惧辱不受"的精神气节。歌颂了项羽"生为人杰，死为鬼雄"的豪壮气概，讽刺当朝统治者贪生怕死，临阵脱逃的无耻。抒发了作者对当朝统治者强烈而沉痛的愤慨之情。

[释例]

"思项羽"之思

——让学生自己看"英雄"听《夏日绝句》有感

"至今思项羽，不肯过江东"，过与不过，这确实是一个值得思考的问题。

一是思英雄良将。这是英雄观。她企盼着有忠烈之士横刀立马，抵御强虏收复失地，重整山河，甚至她自己也"欲将血泪寄山河，去洒东山一抔土"。

二是思国祚时运。这是时势观。宋室兵败南渡，偏安一隅。而项羽虽然兵败，但他以死报国，不屈不挠的英雄主义精神是南宋王朝所不具有的。"生当作人杰，死亦为鬼雄"，是李清照在国家危亡的历史关头向社会发出的振聋发聩的大声呼喊，也是李清照对南宋统治者强烈的讽刺和谴责。

三是思为人处世。这是品质观。"过江东"的项羽之问，值得拷问人的品质。杜牧"江东子弟多才俊，卷土重来未可知"，说明做人应有志气：败不馁；王安石"江东子弟今虽在，肯与君王卷土来"，剖析处世之时态：人心向背；李清照"至今思项羽，不肯过江东"，感叹为人处世原则：须奋争。

参考文献：

让学生自己看"英雄"——听《夏日绝句》有感 [J]．教学月刊（小学版），2005（10）：37-38．

秋词

［唐］刘禹锡

自古逢秋悲寂寥①，我言秋日胜春朝②。
晴空一鹤排云上③，便引诗情到碧霄。

［释题］

本诗是诗人第一次被贬朗州（今湖南常德）时所写，虽遭贬谪，却不悲观消沉。此诗通过歌颂秋天的壮美，唱出了一首昂扬奋发的励志之歌，表达了诗人豁达乐观的情怀和昂扬奋发的进取精神。

［注释］

刘禹锡（772—842），字梦得，洛阳人。贞元进士，登博学宏辞科。授监察御史，因参加王叔文集团，贬朗州司马，迁连州刺史。后任太子宾客，加检校礼部尚书，世称刘宾客。诗风雄浑爽朗，有"诗豪"之称。诗歌通俗清新，善用比兴手法。

①寂寥：空旷无声，萧条空寂，这里指景象凄凉。
②春朝：春天的早晨，亦泛指春天。
③排：推开，有冲破的意思。
④碧霄：青天。

［释意］

昂扬奋发的豪情

此诗一反过去文人悲秋的传统，唱出了昂扬奋发的励志高歌。

"我言秋日胜春朝"直见昂扬性情。"我言"直抒胸臆，态度鲜明，道出了一种自信，一种豪情。诗人虽遭贬谪，历尽坎坷，但斗志不衰，始终坚信天将以酬有志者。他一反"悲秋"主题，不畏"衰节"，唱出意气豪迈的秋歌。

"晴空一鹤排云上"欲显奋发品德。以"一鹤凌云"自喻，既是对"我言秋日胜春朝"的有力佐证，也是对诗人意气风发，斗志昂扬的自勉。抒发了诗人不甘沉沦、昂扬不屈的进取精神和豁达乐观的豪情。"秋日胜春朝"用对比手法热情歌颂秋天之壮美，"晴空鹤凌云"以高傲姿态展示奋发向上，"引"字不仅有独树一帜，标新立异之效，还具有矢志不移的傲骨，更有"鲲鹏展翅九万里"的远大志向。

[释例]

秋鹤翔空　豪气凌云

以诗作画，感悟秋天的壮美。教师抓住秋天"一鹤凌云"的意象，引导学生以画解诗，身临其境，抓住"排"字，想象凌云之鹤摆脱世俗束缚，自由洒脱，大展宏图的动态之姿，感受开阔明丽，生机勃勃的壮美之秋。

举象显情。凌云之鹤，载着诗人激荡澎湃的情思直冲云霄，鹤是不屈之士的化身、奋斗精神的体现。诗人以鹤自喻，表现了诗人乐观向上的心态，昂扬不屈的进取精神和开阔胸襟。

赏析表现手法，丰富审美体验。"自古逢秋悲寂寥，我言秋日胜春朝"，运用对比手法，反向立意。一反前人悲秋感慨，抒写奋发进取的豪情，境界开阔，超凡脱俗，令人耳目一新。"晴空一鹤排云上，便引诗情到碧霄"，运用"实"与"虚"融合，托物言志的表现手法，以鹤飞冲霄抒诗情旷远，昂扬奋发，激情澎湃，给人以深刻的美感和乐趣。

诗赞秋气以美志向高尚，咏秋色以颂情操清白。景随人移，色由情化。景色如容妆，见性情，显品德。春色以艳丽取悦，秋景以风骨见长。秋鹤翔空，豪气凌云。

参考文献：

闵洪权. 给孩子一双腾飞的翅膀——《秋词》教学案例 [J]. 基础教育研究，2010（18）：31-32.

江雪

[唐] 柳宗元

千山鸟飞绝，万径人踪灭[①]。
孤舟蓑[②]笠[③]翁，独钓寒江雪。

[释题]

诗作于贬谪永州期间，绘制了一幅寒江独钓图。独钓形象寄寓了诗人顽强不屈、孤寂苦闷的思想感情。

[注释]

柳宗元（773—819），字子厚，河东解（今山西运城）人，世称柳河东。贞元进士，因参加王叔文集团被贬为永州司马。后迁柳州刺史，又称柳柳州。"唐宋八大家"之一，诗风清峭。

①万径：虚指，指千万条路。

②蓑（suō）：蓑衣，用棕丝编织成的披在背上的雨衣。

③笠（lì）：用篾片和棕叶编成的斗笠，戴在头上以防雨露。

[释意]

寒江独钓

王尧衡《古唐诗合解》有言："江寒而鱼伏，岂钓之可得？彼老翁独何为稳坐孤舟风雪中乎？世态寒冷，宦情孤冷，如钓寒江之鱼，终无所得。子厚以自寓也。"渔翁清高的生活，孤傲的性格正是诗人的自我写照。

全诗虽语言浅近，但意蕴丰厚，耐人咀嚼。前二句咏山及原野，其中暗含了一个"雪"字，即漫山遍野是雪，雪野茫茫。这是写景，也是铺垫，为引出下两句蓄势。"孤舟蓑笠翁，独钓寒江雪"，在这"鸟飞绝""人踪灭"的奇寒天气里，人出现了！"孤舟"写出了"唯一"，"蓑笠翁"表明人的形象，是一披蓑衣、戴斗笠在雪满江面的"寒江"之上垂钓的老者！"寒江"二字写出了雪大雪密、雪浓雪厚的景象，"独"字写出老渔翁不怕雪大和天冷，忘掉一切，专心独钓的孤高清傲、凛然不屈的形象！这个渔翁形象正是诗人思想感情的寄托和写照！即是说，在那奇寒的政治环境的迫害下，诗人仍如渔翁一样，无视一切，独钓寒江。这是一种令人敬仰的精神！

寒江独钓，意蕴悠长；生活观照，理解不一。少年看《江雪》，一个字："白"，中年看《江雪》，一个字："冷"，老年看《江雪》，一个字："空"。

[释例]

诗意引导，让品质得以提升

通过聊天（说说渔父）、朗读（读出节奏）、想象（写出画面）、对话（诵出诗情）和论世（悟出志向）几个环节来理解《江雪》。

聊天：说渔父。出示《渔父图》，感知渔父形象，走进渔父心灵世界。

朗读：读节奏。读准字音，读出节奏，感受语境。

想象：写画面。理解"诗中有画"蕴涵，感知诗中所写景物：山、径、舟、翁和雪，想象画面，用散文诗式表达所想景象，并口头展示，倡导让语言作品"外化在语言表达者的口头语言或书面语言中"，使它"具有可视可听的显著特征"。

对话：诵诗情。将潜藏在古诗中的"孤单""寒冷""寂寞""凄凉"之情悄然离析，在诵读中感知渔翁为何"孤舟""独钓"？在吟诵品析中深入理解"蓑笠翁"这个人物的环境烘托和言语背景。

论世：悟志向。读雪诗，理解柳宗元当时的境遇，体验他的理想和追求，将"渔父"的艺术形象还原到作者的"人格形象"，诗言志。

参考文献：

彭峰，石娴娟，吴勇. 诗意引导：让品质得以提升——《江雪》教学实录与点评 [J] . 教育视界，2015（06）：37-40.

题都城南庄①

[唐] 崔护

去年今日此门中，人面桃花相映红②。

人面不知何处去，桃花依旧笑春风③。

[释题]

据唐代孟棨《本事诗》载：崔护落第，清明日独游南庄，酒渴求饮遇妙女，意属殊厚，崔睇盼而归。及来岁寻之，门墙如故而锁之，因题诗于扉。诗曲折地表达出诗人的无限怅惘之情。

[注释]

崔护（？—831），字殷功，蓝田（今属陕西）人。贞元进士，官至岭南节度使。诗风精练婉丽，语极清新。

①都：京城，指长安。

②人面：指姑娘的脸。

③笑：形容桃花盛开的样子。

[释意]

人面桃花相映红

"人面桃花相映红"，偶遇是美好的，再寻是感伤的，回味是甜蜜的。

寻线索，找情感。整首诗以"人面""桃花"为线索，通过"去年""今日"，同一地点、同一场景不同时空的映照，把诗人内心深处的感慨表现得淋漓尽致。头两句追忆去年今日的情景，先点出时间和地点，接着描写佳人，以"桃花"的红艳烘托"人面"之美；结尾两句写今年今日此时，与去年今天有同有异，有续有断，桃花依旧，人面不见。两个场景的映照，曲折地表达出诗人的无限怅惘之情。

作对比，有体验。诗作对比映照，怅惘无限。"去年"和"今日"对比，同地同景不同时，"人面"和"桃花"映照，景似境似人不同，人面杳然，桃花依旧，美好回忆已成往事，好景不长永留心间，惆怅一片。

[释例]

人面桃花，物是人非

全诗四句，这四句诗包含着前、后两个场景相同、相互映照的场面。教学中教师可带领学生寻找这两个场面，通过对比，品味分别表达了何种情感。

第一个场面：踏春巧遇。"去年今日此门中，人面桃花相映红"，诗人抓住了"踏春巧遇"整个过程中最美丽动人的一幕。"人面桃花相映红"，不仅为艳若桃花的"人面"设置了美好的背景，衬出了少女光彩照人的面影，而且含蓄地表现出诗人目注神驰、神摇意夺的情状和双方脉脉含情、未通言语的情景。

第二个场面：复寻未遇。"人面不知何处去，桃花依旧笑春风"，依旧是春光烂漫、百花争艳的春天，还是花木扶疏、桃树掩映的门户，然而，使这一切都增光添彩的"人面"却不知何处去，只剩下门前一树桃花仍旧在春风中凝情含笑。去年今日，伫立桃树下的那位不期而遇的少女，凝睇含笑，脉脉含情；而今，人面杳然，依旧含笑的桃花只能引动对往事的美好回忆和好景不长的感慨了；"依旧"二字，正含有无限怅惘。

整首诗是用"人面"和"桃花"作为贯串线索，通过"去年"和"今日"同时同地同景而"人不同"的映照对比，把诗人因这两次不同的遇合而产生的感慨，回环往复、曲折尽致地表达了出来。对比映照，实是在回忆中写已失去的美好事物，这才有"人面桃花相映红"的传神描绘。

寻隐者不遇

[唐] 贾岛

松下问童子①，言师采药去②。
只在此山中，云深③不知处④。

[释题]

此诗采用"寓问于答"的写作形式，通过描述人物之间的简短对话，交代了诗人寻访的全过程。言繁笔简，情深意切，白描无华。

[注释]

贾岛（779—843），字浪仙，一作阆仙，范阳（今河北涿州）人。初落拓为僧，名无本，后还俗，屡举进士不第。曾任长江主簿，人称贾长江。其诗喜写荒凉枯寂之境，颇多苦寒之辞，与孟郊齐名，有"郊寒岛瘦"之称。

①童子：孩童，小孩。这里指"隐者"的弟子或学生。
②言：说、回答。如"自古逢秋悲寂寥，我言秋日胜春朝。"
③云深：泛指山中云雾缭绕。
④处：行踪。

[释意]

以意象补充想象

以意象填补想象。"松""药""山""深"四字，得以使人有身入其境的妙感，隐逸与缥缈兼具，深邃与惘然同在。其中，"松"有坚韧刚强、忠贞不渝之义，寄寓了受访者坚贞高洁的品质情操；"药"则是受访者平日的生活姿态且不受世俗影响及济世救人生活姿态；"山"是受访者生活环境的真实写照，安逸而朴实的生活全来自这大山深处；"深"则具有一丝丝的神秘感，烟雾缭绕的深山老林渲染出隐者高逸的生活情致。这简简单单的四个字既能概括了全诗，也给人留下了想象的空间，使全诗充满了神秘，同时这也暗示了诗人对归隐生活的向往。

以想象丰富情韵。通过"松""药""山""深"这些意象，我们看到诗人所拜访的是一位仙风道骨、品德高尚、治病救人的隐士，同时也深切感受作者一再追问童子时的心情，更加深入体会到作者听到"云深不知处"的惆怅之情。问答过程隐含着诗人的情绪变化，表面简练的背后是厚实的情感内涵。末句以景结情，缥缈深处的景象给人无限遐想，以白云映衬青松，既对比又协调，惆怅有，钦佩亦有，满足在，迷惘更多。

[释例]

一问三答，所"遇"惘然

寓问于答，言简意赅，字简情丰。

此诗围绕一问三答，两种表现结构交织演进。一是隐者的行为表现结构：它由虚而实——不在此地而在此山，再由实而虚——就在此山而云深不知处，给人一种扑朔迷离、恍惚悠远之感，充分凸显了隐者的风神。二是寻者的感情表现结构：开始是满怀兴致而去；听说隐者不在，顿生失望；知晓隐者就在这座山中，则又起寻访期冀之意；明白山高云深，无寻访可能，即转而更深一层的惆怅，流露出终不可及的慨喟。此中心绪，起起落落构思之佳，令人回味。

在吟诵间感悟"遇"之内容。读清字音，读懂诗意，通过朗读、吟咏，将无声的文字变成有声的语言，能生动地再现古诗的节奏美，再现作者的思想情感美。

在问答间领悟"遇"之情感。问无题答却有内容，内容所关切为感情波折：满怀期望—感到失望—存有一线希望—无可奈何。

在字词间体悟"遇"之意境。通过感知"松""药""山""云"等物象，体悟"遇"的意境。

在延伸间品悟"遇"之同工。推荐宋代诗人魏野的《寻隐者不遇》，诵读积累。

参考文献：

刘敏威.《寻隐者不遇》的文本解读与教学设计［J］.全国优秀作文选（教师教育），2020（04）：65.

游园不值

[宋] 叶绍翁

应①怜屐②齿印苍苔，小扣柴扉③久不开。
春色满园关不住，一枝红杏出墙来。

[释题]

诗写游园不值，却又有灵性感遇，引人回味。写得十分形象而又富有理趣，体现了取景小而含意深的特点，情景交融，脍炙人口。

[注释]

叶绍翁（1194—1269），字嗣宗，号靖逸，处州龙泉（今属浙江）人，南宋中期诗人。诗属江湖诗派。诗作语言清新，意境高远。

①应（yīng）：应该。

②屐（jī）：一种木鞋，鞋底有横木齿，可防滑。

③柴扉（fēi）：用木柴、树枝编成的门。

[释意]

"一枝红杏"的意外之喜

程千帆《古诗今选》说："从冷寂中写出繁华，这就使人感到一种意外的喜悦。""一枝红杏出墙来"，在不遇间偶然一抬眼，却发现了春色满园与春意盎然。

对象上，春色满园，春景迷人。早春之景，无非柳色与杨花，这回却被红杏抢了风头。满园春色值得去观赏，无奈关门未进，墙头一枝红杏的绽放，让人更觉春意盎然。

手法上，以少总多，含蓄蕴藉。以一当百，"一枝红杏"真是"满园春色"的集中表现，"一枝"有聚焦作用，使其更显眼，以"少"见"满"，用"一枝"来总括春色融融。以实写虚，"应怜屐齿印苍苔"，用"屐"来暗示

"雨"，虽未明写春雨，用"苍苔"生长也点明杏花春雨，春色烂漫。

意韵上，景中寓理，勃勃生机。春色在一"关"和一"出"之间，冲破围墙，溢出园外，显示出蓬蓬勃勃、关锁不住的生命力，隐含着园主未曾出现，但其品质也是想隐藏而隐藏不住的。

[释例]

游园"不值"却有"值"

——以窦桂梅《游园不值》教学为例

值与不值。窦老师将《游园不值》与《寻隐者不遇》相结合，寻找两者共同点，分析诗人情感变化。诗人遇到了"苍苔""红杏""柴扉"，结合生活理解词义，进一步推敲出这首诗对苍苔、对红杏、对柴扉的怜惜，这是"不值"；而园内春意满园，花草茂盛，赏心悦目，非常值得一游，这是"值"。窦老师那独具匠心的教学设计，随机应变的教学能力，引人入胜的情境渲染，对教材深刻内涵的独特解读能力，令人折服。教学设计具有"两妙"与"两实"。

设计之巧妙。设计由两大部分组成：读出韵味和读出思考，围绕"不遇中有遇"，感受美丽。

朗读之精妙。在读中悟，在读中思、在读中赏、在读中化是窦老师教学特色。读，让孩子们感受到作者又喜爱又怜惜"苍苔"的感情；读，让孩子们感受到了作者对园主人的尊敬和对春天的喜爱；读，更让孩子们体会到了"不遇中有遇"的人生哲理。

训练之扎实。训练扎实到位，反复朗读，品味词句，感受心境。如紧扣"怜""印""扣""满""一"进行了多角度、多层次的语文训练；又如用"扣""出""一"分别进行了换词对比读等。

底蕴之厚实。引导积累，学生走进教材，又走出教材；立足教材，又超越教材，一步步地领略着"不遇中有遇"的意蕴。

参考文献：

谢飞好，黄文利，胡桂兰，等．艺术的享受 精神的洗礼：特级教师窦桂梅《游园不值》教学大家谈［J］．小学教学参考，2006（Z4）：18-19.

己亥杂诗

［清］龚自珍

九州生气①恃②风雷，万马齐喑③究④可哀。

我劝天公重抖擞⑤，不拘一格降人才。

［释题］

己亥，干支纪年，清朝道光十九年（1839）。诗人因不满官场黑暗，辞官南归，途中以七绝的形式写了大型组诗《己亥杂诗》，共计315首，此为第125首。提倡"更法""改革"，洋溢爱国热情。

［注释］

龚自珍（1792—1841），字璱人，号定庵，仁和（今浙江杭州）人。清末思想家、文学家。诗词瑰丽奇肆，称为"龚派"。

①生气：生机，活力。这里指朝气蓬勃的局面。

②恃（shì）：依靠。

③喑（yīn）：哑，不能说话。

④究：终究；究竟。

⑤抖擞（sǒu）：叠韵词，振作精神。

［释意］

一代王朝的末世挽歌

不在沉默中爆发，就在沉默中灭亡。

诗人之愤。前两句比喻绘境。"万马齐喑"比喻在腐朽、残酷的反动统治下，思想被禁锢，人才被扼杀，四处庸俗愚昧，一片死寂、令人窒息的现实；"风雷"比喻新兴的社会力量，比喻尖锐猛烈的改革。后两句直接抒怀。"我劝天公重抖擞，不拘一格降人才"，奇特想象表现了热烈的希望，既揭露矛盾、批判现实，又憧憬未来、充满理想，更呼唤变革、呼唤未来。

末世之哀。诗人在腐朽没落、万马齐喑的气氛中向"天公"发出了"我劝天公重抖擞，不拘一格降人才"的时代最强音。依靠风雷的力量打破"万马齐喑"、人人自危不敢言的现状。诗人将矛头直指沉闷、腐朽的社会现实，暗示"天公"，即人间至高无上的皇帝，想要使国家获得新生需依仗人才，只有破格起用人才，才能拯救中国。人只有在走投无路的状态才会寄希望于苍天，诗人恳求"天公"降人才，是对人间世界的无奈与绝望，这是文人之哀，也是国家之悲，更是民族之殇！

[释例]

变革者的呐喊

诗人一生剑气箫心，诗有柔情更多愤慨。既有"我劝天公重抖擞，不拘一格降人才"的豪迈豁达，也有"落红不是无情物，化作春泥更护花"的无私奉献，皆是"更法""变革"主张，洋溢着爱国热诚。可以《己亥杂诗》其中第125首和第5首进行对比教学。

两首诗表达了诗人迫切希望国家能通过变革图强。改革要仰仗人才。社会的进步需要依靠"风雷"，而革新离不开人才，"世有伯乐，然后有千里马"，人才的发掘需要"天公"的赏识。诗人自比"落红"，虽已辞官，但仍希望虽不在其位，亦谋其政，将自己的毕生所学传给后人，为国家的变革奉献自己的一份力量。龚自珍作为古代中国的最后一位诗人，他有着"居庙堂之高则忧其民，处江湖之远则忧其君"的爱国主义情怀。

愿景与力行统一的变革实行。诗人有着"不拘一格降人才"的良好愿望，更有"化作春泥更护花"的实际行动，既有感时忧国，也有献身改革的崇高精神。

参考文献：

王立群. 王立群妙品古词句 ［M］. 北京：东方出版社，2019.